RAPHAEL FELIPE SILVA

COMUNICAÇÃO E IGREJA EM SAÍDA

A comunicação no pontificado de Francisco

EDITORA
SANTUÁRIO

Dados Internacionais de Catalogação na Publicação (CIP)
de acordo com ISBD

S586c Silva, Raphael Felipe

Comunicação e Igreja em saída: a comunicação no pontificado de Francisco / Raphael Felipe Silva. - Aparecida : Editora Santuário, 2021.
136 p. ; 14cm x 21cm.

Inclui bibliografia.
ISBN: 978-65-5527-103-4

1. Religião. 2. Cristianismo. 3. Comunicação. 4. Igreja. 5. Papa Francisco. I. Título.

2021-1633 CDD 240
CDU 24

Elaborado por Vagner Rodolfo da Silva - CRB-8/9410

Índice para catálogo sistemático:
1. Religião : Cristianismo 240
2. Religião : Cristianismo 24

1ª impressão

Rua Pe. Claro Monteiro, 342 – 12570-000 – Aparecida-SP
Tel.: 12 3104-2000 – Televendas: 0800 0 16 00 04
www.editorasantuario.com.br
vendas@editorasantuario.com.br

Agradeço primeiramente a Deus a oportunidade concedida de realizar esta obra. Nele, agradeço a confiança depositada em minha vocação pela Arquidiocese de Aparecida, na pessoa do Arcebispo Metropolitano, Dom Orlando Brandes, do clero arquidiocesano, seminaristas e de todo o povo de Deus, presente nessa arquidiocese. Agradeço ao amigo e irmão, especialista em Comunicação, Prof. Luiz Fernando Miguel, que me acompanhou durante a elaboração desta obra. Em Cristo, meu reconhecimento e minha estima.

Dedico este livro àquela que me acompanha em todas as etapas de minha vida, sempre com amor para me dispensar: Edilene, minha mãe. Nela, dedico também a minha querida avó Jacira, devota fiel do Coração de Jesus, comunicador do amor e do perdão, no qual busco sempre mais me configurar.

SIGLAS E ABREVIATURAS

CNBB – Conferência Nacional dos Bispos do Brasil
CNBB Est. 101 – Estudos da CNBB 101
DA – Documento *Diálogo e Anúncio*
DAp – Documento de Aparecida
DI – Declaração *Dominus Iesus*
DV – Constituição Dogmática *Dei Verbum*
EG – Exortação Apostólica *Evangelii Gaudium*
LF – Carta Encíclica *Lumen fidei*
LG – Constituição Dogmática *Lumen gentium*
TQ – TQ Teologia em Questão: Faculdade Dehoniana

SUMÁRIO

Apresentação *(Dom Orlando Brandes)* | 11
Prefácio *(Pe. Antonio Maria)* | 13
Introdução | 21

I. A revelação na tradição teológica | 27
1.1. "O anjo do Senhor anunciou": a Revelação na Escritura | 29
1.1.1. Na Escritura, o anúncio comunicado a Maria no evangelho lucano | 31
1.2. A Revelação na *Dei Verbum* | 34
1.2.1. A Revelação na *Dei Verbum*: Antigo Testamento | 36
1.2.2. A Revelação na *Dei Verbum*: Novo Testamento | 38
1.3. Encarnar-se na história: a economia salvífica comunicada em Cristo | 41
1.3.1. A Igreja: Corpo de Cristo | 43
1.3.2. Eterna aliança: o anúncio da Boa-nova | 47
1.3.3. A Catolicidade do Corpo: o anúncio da aliança universal | 52

II. Comunicação promotora da cultura do encontro para uma Igreja em saída | 57
2.1. A comunicação no Pontificado de Francisco | 59
2.2. A alegria do evangelho para uma Igreja em saída | 67

2.2.1. Igreja promotora da cultura do encontro | 70
2.2.2. A ascensão para uma Igreja em saída | 78
2.2.3 A revelação divina como sinal de comunicação de encontro e saída na *Dei Verbum* | 81
2.3. A comunicação pastoral: revelar-se no campo midiático? | 85

III. A revelação no pontificado de Francisco: encontro e saída nos meios de comunicação social | 89
3.1. O anúncio eficaz da evangelização nos Areópagos Modernos | 91
3.2. O cristão e sua posição nos Meios de Comunicação Social | 94
3.2.1. Igreja e Pandemia: a "fé *online*" | 96
3.2.2. *Fake Pope*: desencontro e "prisão" | 98
3.2.3. Reconstruir a Igreja: do *like* ao amém | 100
3.2.4. Reconstrução digital: amadurecendo a evangelização | 103
3.2.5. Ciberteologia: comunicando a revelação de Deus | 106
3.3. "Encontrar-se" e "sair-se" como perspectivas de uma autêntica evangelização promotora de vida | 109

Considerações finais | 115
Anexo | 121
Referências bibliográficas | 131

APRESENTAÇÃO

Estimado leitor, é com alegria que apresento a você o livro: "Comunicação e Igreja em saída: a comunicação no pontificado de Francisco".

O autor é o seminarista Raphael Felipe Silva, de nossa Arquidiocese de Aparecida. Trata-se de um tema da atualidade, escrito com profundidade e sabedoria; uma excelente contribuição para a Pastoral da Comunicação.

Nosso autor não só escreve sobre comunicação, mas tem o dom da comunicação pessoal, que é um dom do próprio Deus, que em Jesus nos revelou seu "Plano de Salvação". Para a Igreja, saber comunicar-se e colaborar na comunicação pessoal, comunitária e social é uma necessidade urgente.

Nós somos pessoas na medida em que nos comunicamos e contribuímos para o crescimento da comunicação interpessoal. Nossa esperança é que o seminarista Raphael contribua na Pastoral da Comunicação.

Caro leitor, desejo que você tire bom proveito da leitura desta obra para seu bem e o bem da Igreja, da família e da sociedade. Espero que este livro faça crescer a admiração, a gratidão e a reverência pelo papa Francisco, mestre em comunicação pessoal, espiritual e social.

Dom Orlando Brandes
Arcebispo de Aparecida, SP

PREFÁCIO

Outro dia, falando sobre a importância da comunicação com um de meus filhos do coração, hoje com 25 anos, perguntei-lhe se conhecia a expressão do grande comunicador Abelardo Barbosa, o Chacrinha: "Quem não se comunica se trumbica". A resposta foi:

– Pai, nunca ouvi! É do século passado, não?

– Sim, meu filho, essa expressão é do século passado, de meu tempo, mas vale para hoje e, com certeza, para amanhã também. Você sabe o que significa "trumbicar-se"?

– Não!

– Significa: "Dar-se mal! Fracassar"!

E aí falamos bastante sobre a importância da comunicação, em todos os sentidos. Entramos também no mérito da comunicação na vida da Igreja. Aproveitei e contei-lhe um caso que havia acontecido comigo, no século passado, e que pode ilustrar, um pouco, o grande valor da comunicação:

A Igreja Matriz de minha paróquia de origem, em um subúrbio da Zona Oeste do Rio de Janeiro, era muito pequena. Aos domingos, o padre celebrava a missa no cineauditório, um cinema, construído por ele, para o lazer do povo. Naquele tempo a missa era em latim e o padre rezava virado de costas para os paroquianos. Nessa época eu tinha uns 14 anos. Na Escolinha paroquial, vivia Irmã Zoé Jabour, com outras Filhas da Caridade de São Vicente de Paulo. Essa mulher foi para mim uma grande comunicadora de Deus, por seu testemunho de amor aos pobres. Um dia ela me presenteou com um pequeno missal. Nele estava toda a missa, em latim e em português. Foi assim que pude descobrir a riqueza das orações que o padre fazia em latim e dos rituais tão significativos da celebração eucarística. Achei que se tornava necessário comunicar aquele tesouro ao povo. Era uma pena muito grande a comunidade não ter conhecimento da beleza de tudo aquilo que agora eu passava a conhecer e a entender melhor. Tive uma ideia e resolvi falar com nosso Pároco:

– Padre, eu ganhei um missal da Irmã Zoé e nele está, em português, tudo o que o senhor reza em latim. É bonito demais, padre! Pensei que, enquanto o senhor reza em latim, de costas para o povo, eu poderia ir lendo em português e explicando também o significado do que o senhor faz no altar. O povo precisa saber essas coisas, padre! O que o senhor acha"?

O Padre me olhou surpreso, pensou um pouco e disse:

– Vamos ver... Vamos ver... Prepare então essas explicações e traga para que eu dê uma olhada.

Preparei tudo em casa e, dias depois, fui mostrar para o "Seu Vigário"... E não é que ele gostou! No domingo, para surpresa geral, lá estava o Toninho ao microfone, comunicando ao povo o que havia descoberto no missal da Irmã Zoé:

– Agora é o ofertório da missa... O padre está preparando o pão e o vinho para serem transformados no corpo e no sangue de Jesus... Nesse momento, ele coloca uma gotinha de água no cálice com o vinho. Essa gotinha de água representa cada um de nós...

Aí eu lia em português a oração que o padre fazia em latim.

– Agora, o padre lava as mãos... e pede a Deus que o faça digno de se aproximar do altar...

– Agora, o padre vai se virar para nós e vai dizer: "Orate, fratres", que quer dizer: "Orai, irmãos, para que este sacrifício, que também é vosso, seja aceito e agradável a Deus onipotente..." Vamos orar então, meus irmãos!

Modéstia à parte, foi um sucesso! Muita gente parabenizou o "novidadeiro" Toninho:

– Agora entendemos "as cerimônias" da missa... Agora não ficamos só assistindo... Agora dá para participar!

Hoje, até eu fico surpreso com aquela minha ousada iniciativa. Surpreendente foi também a atitude positiva do pároco diante de minha inovadora proposta. Penso que Deus já estava me contaminando com o "vírus" da comunicação. Como não comunicar algo tão precioso? Algo tão lindo? E pensar que essa minha história aconteceu antes do Concílio Vaticano II!

Curiosamente, o Concílio ocorreu na mesma década de maior sucesso do Chacrinha. Enquanto o famoso apresentador nos alertava com seu conhecido pregão, o Concílio nos conscientizava que sem comunicação a Igreja estaria correndo o risco de não realizar, na plenitude, sua missão. Como em nossa Igreja e no mundo as coisas mudaram no campo da comunicação! Agora todas as paróquias têm sua PASCOM, Pastoral de comunicação. Maravilha! É preciso comunicar! É preciso evangelizar "com novos métodos, novas expressões e novo ardor", como dizia São João Paulo II! Antigamente, um documento pontifício levava tempo para chegar as nossas mãos. Hoje, o papa Francisco vai ao computador, clica uma tecla e o mundo inteiro tem acesso a sua mensagem. Em um simples *click*, Francisco disse ao mundo, em sua mais recente encíclica, que devemos ser *Fratelli Tutti*.

Por Deus ter me dado um gosto especial pela comunicação, senti uma grande alegria quando o seminarista Raphael Felipe me falou deste seu livro. Sei que ele é um apaixonado pela comunicação. Minha felicidade aumentou quando me assegurou que deseja especializar-se mais ainda nessa área. Bravo, Raphael! É maravilhoso ver um jovem seminarista sentir-se chamado por Deus para contribuir mais e mais com a Igreja nesse campo tão importante e necessário. Em um mundo de tantas *Fake News*, como não comunicar a *GOOD NEWS*, a Boa Nova, de Jesus?

Quando Raphael me convidou para escrever o prefácio deste seu livro, pensei, de novo, no pregão do "Velho Guerreiro", Chacrinha, e conclui: este livro vai ser uma grande ajuda para quem desejar ajudar nossa Igreja a não "se trumbicar", a se dar bem na realização de sua missão evangelizadora, comunicando sempre mais, e melhor, os tesouros de Deus!

Este livro conscientiza-nos de que Jesus, fundador de nossa Igreja, impele-nos à comunicação quando diz: "Ide por todo o mundo e anunciai! Comunicai!" Aliás, é o próprio papa Francisco que, ao falar de comunicação, nos diz: "A comunicação é uma missão importante para a Igreja. Os cristãos empenhados nesse campo são chamados a pôr em prática, de uma forma muito concreta, o convite do Senhor para ir ao mundo e anunciar o Evangelho". Aqui, Raphael nos propõe uma análise daquela comunicação que possa promover a cultura do encontro, para uma Igreja que deve estar continuamente em saída, segundo a visão e o exemplo do papa Francisco.

Em meio a tantas alegrias que este livro me trouxe, alegrou-me, sobremaneira, que em suas páginas encontramos também a figura comunicativa, por excelência, do Mestre em comunicação, papa Francisco. Como Raphael, também acredito que nosso Papa, por seu jeito carismático de comunicar-se e por sua proximidade para com os meios de comunicação, está deixando, em sua caminhada pontifícia, pegadas marcantes, sobre as quais devemos caminhar. Francisco é de verdade uma pessoa carismática nesse quesito.

Este livro, *Comunicação e Igreja em saída. A comunicação no pontificado de Francisco*, ajudar-nos-á a amar mais ainda a comunicação e a realizá-la melhor em nossa vida.

Parabenizo aqui meu querido irmão Raphael Felipe por este seu livro, ao mesmo tempo que lhe agradeço o belo presente que nos oferece.

Obrigado, Raphael, por nos conscientizar, com seu livro, de nossa "missão comunicativa". Obrigado por nos trazer, por meio deste livro, a pessoa carismática e comunicativa de Francisco, nosso pai na fé.

Padre Jakson de Alencar, padre paulino, jornalista e mestre de comunicação, afirma que o papa Francisco tem, com seus gestos e suas atitudes, "alimentado com ânimo e esperança aqueles que, na Igreja e no mundo, também têm abertura à comunicação para gerar bons entendimentos, para avançar na história e não ficar na ilusão de um passado que não voltará"[1].

Este livro nos anima a avançar comunicando. Ele nos torna mais conscientes de que, como diz o Papa: "Toda comunicação tem sua fonte última na vida do Deus Uno e Trino, que partilha conosco a riqueza de sua vida divina e nos pede, por sua vez, para comunicar esse tesouro aos outros, unidos no serviço de sua verdade".

Aqui, em seu livro, Raphael está comunicando-nos esse tesouro e nos ajuda a entender a importância da Comunicação e dos meios de comunicação na Igreja. Como um filial admirador do comunicador que é o papa Francisco, Raphael sabe que é bem verdade o que o pontífice afirma: São necessários "meios de comunicação que possam ajudar as pessoas, sobretudo os jovens, a distinguir o bem do mal, a fazer julgamento corretos, baseados em uma apresentação clara e imparcial dos fatos, a compreender a importância do compromisso com a justiça, a concórdia social e o respeito pela Casa comum".

---

[1] Pe. Jakson DE ALENCAR, SSP. *O Papa Francisco e a comunicação da Igreja.*

Obrigado também, Raphael, por ter tido para comigo esse gesto de confiança e carinho – usando palavras do papa Francisco, desejo que este seu livro seja "um porta-voz de esperança, um portador de confiança no futuro, porque só quando o futuro é aceito como uma realidade positiva e possível, é que o presente também se torna habitável – convidando-me a escrever o prefácio desta sua tão oportuna obra.

Raphael, em breve Deus lhe dará a graça do sacerdócio. Que nossa Mãe Aparecida, sob o manto de quem exercerás seu ministério, proteja-o. Permaneça, meu irmão, em sua escola! Que Ela, como "Pedagoga do Evangelho", Comunicadora por Excelência de Jesus, a Mãe do Novo Caminho, faça-o um outro Cristo.

Parafraseando o que Lucas escreveu nos Atos dos Apóstolos a respeito de Jesus (10,38), desejo e rezo, de coração, que se diga de você também: "Ele andou comunicando o bem..."

Seja, Raphael, um santo comunicador, a exemplo do jovem Carlos Acutis, beatificado há pouco tempo e mostrado ao mundo, pelo papa Francisco, como um ideal para a Igreja, também no campo da comunicação. Continue a pôr a serviço o dom que Deus lhe confiou. Venham mais livros ditados pelo Espírito Santo de Deus e por seu ardor apostólico!

E a você, meu irmão e minha irmã, peço com carinho: leia com o coração este livro! Deixe Deus comunicar-se com você por meio dele e torne-se também comunicador do Amor!

Pe. Antonio Maria

Dia Mundial das Missões

Pe. Antonio Maria e Seminarista Raphael no
Santuário de Nossa Senhora do Novo Caminho, em Jacareí, SP

INTRODUÇÃO

A Igreja é o caminho certo em direção ao Pai. Ela é a comunicação do amor de Deus para conosco. O amor de Deus se comunica na humanidade, quando pastores e povos se unem para anunciar esperança. O que mais me motiva no cristianismo é a capacidade de acreditar que a humanidade tem esperança e capacidade de se renovar.

Com a renúncia do Santo Padre Emérito Bento XVI, aguardávamos esperançosos o novo pontificado que estava para começar. Esse pontificado inauguraria o advento de um novo sonho de Deus para sua Igreja, para seu povo. Com a eleição, acontecida em 13 de março de 2013, o próprio Deus desejou comunicar à humanidade um novo caminho para a santidade: "E, agora, começamos este caminho, bispo e povo, esse caminho da Igreja de Roma, que é aquela que preside na caridade com todas as Igrejas"[1]. Com essas palavras, o Cardeal argentino Bergoglio inicia seu pontificado como Francisco.

Em março de 2013, Deus se comunicava em Francisco, por Francisco e com Francisco, sua mensagem de esperança

---

[1] PRIMEIRAS PALAVRAS DO PAPA FRANCISCO. Disponível em <https://noticias.cancaonova.com/especiais/pontificado/francisco/primeiras-palavras-do-novo-papa>

para todo o seu povo. Todos sorriam e se alegravam com sua eleição. Essa alegria se perpetua até os dias atuais em seu pontificado.

Naquele mesmo ano, a Igreja estava se preparando para um de seus maiores eventos para jovens: a Jornada Mundial da Juventude. O local a sediar a jornada seria nosso Brasil. Além de o mundo todo estar se preparando para acolher o novo Papa e o célebre evento, o Brasil, com muito afinco, preparava-se para acolher representações de fiéis do mundo inteiro.

Ainda com alguns primeiros meses de Pontificado, Francisco já se preparava para uma viagem internacional. Por sua vontade própria, antes de estar com a juventude no Rio de Janeiro, Francisco desejou peregrinar como romeiro na casa da Rainha e Padroeira do Brasil, a Virgem Mãe e Senhora Aparecida.

Sendo essa sua primeira viagem como Papa, fui um dos primeiros seminaristas do mundo a acolher Francisco em seu pontificado. Ao visitar Aparecida, ele se encontrou com nosso clero arquidiocesano, presidiu em nossa Catedral Basílica e dirigiu-se para nosso seminário. Esse era nosso privilégio: fomos os primeiros seminaristas do Brasil a abraçar o papa Francisco.

Francisco esteve conosco no dia 24 de julho de 2013. Almoçou, conheceu as dependências de nosso seminário, conversou, descansou em nosso prédio e seguiu viagem. Durante sua estada conosco, cumprimentou cada seminarista e proferiu suas palavras de esperança. Quando me cumprimentou pessoalmente, apertei fortemente suas mãos e disse-lhe: "Vossa bênção, Santo Padre. É uma honra e um prazer conhecê-lo". Ele, dirigindo seu sorriso e seu olhar para mim, disse: "Deus vos abençoe, meu filho. Seja um Padre santo e feliz".

Desde aquele momento, percebi que o pontificado de Francisco tinha um novo carisma para nos oferecer. Além de toda a sua sabedoria e humildade, ele comunicava alegria.

Essa é a mensagem de Deus para a humanidade. Francisco estava comunicando a mensagem de salvação, que Deus precisava colocar fortemente no coração de uma humanidade dilacerada pelo medo, vício e egoísmo.

Com as palavras de Francisco, ditas ao meu coração, com sua forma de expressar o pontificado na Igreja e com os anos de estudo na casa de formação da arquidiocese de Aparecida, decidi me empenhar com entusiasmo na aventura da evangelização pelos Meios de Comunicação Social.

Esta presente obra expressa o amor pela Igreja, que o pontificado de Francisco possui, e expressa também meu reconhecimento ao seu incentivo pelo anúncio da evangelização em todas as suas necessidades.

Recebendo a bênção do Papa Francisco
Foto: Arquidiocese de Aparecida

Papa Francisco assinando a bandeira do Brasil, em minhas mãos
Foto: Arquidiocese de Aparecida

Papa Francisco, nosso Cardeal Arcebispo Dom Damasceno e nosso bispo auxiliar Dom Darci Nicioli, com nossos formadores em nosso seminário
Foto: Arquidiocese de Aparecida

I

A REVELAÇÃO NA TRADIÇÃO TEOLÓGICA

Neste capítulo percorreremos a revelação de Deus compreendida enquanto comunicação com sua humanidade criada. Deus se relaciona com sua humanidade e estabelece com ela uma paternidade que se manifesta na história desde a criação. Este capítulo abordará que a revelação acontece no agir da história, na decorrência dos fatos. Esse agir caracteriza a ação de Deus que configura a existência humana. A revelação tornou-se um dado comunicado, portanto, caracterizado na história.

Abordaremos que pela força de sua mensagem, por meio da Sagrada Escritura, o anúncio do anjo a Maria torna-se o anúncio por excelência, ou seja, a novidade para todas as pessoas. Essa comunicação mostra-nos que o projeto de Deus se comunicou com a realidade humana e lhe apresentou uma novidade de vida, que se perpetuará para todo o sempre. Se o próprio Deus se comunicou com a humanidade, torna-se unânime reconhecer a veracidade dessa comunicação para que ela se perpetue com dinamicidade na atualidade e seja promotora de transformação na vida humana.

Este capítulo introduzirá o desejo de apreciar a comunicação como revelação de Deus para a humanidade e como proposta salvífica de amor para a renovação de todas as pessoas, sem exceção. Embasados nos principais documentos eclesiásticos, que estabelecem a revelação como pertinência para analisar Deus e sua comunicação na história, estabelecerá a expectativa de se aprofundar na tradição teológica, que surge como expressão divina para a compreensão do projeto salvífico do Reino.

Desse modo, este capítulo apresentará uma visão panorâmica do *locus revelatio*, ou seja, do lugar da revelação de Deus, que é a humanidade. Na humanidade, Ele revela seu plano constantemente. Essa revelação, que não cessa, refere-se a uma comunicação incessante, que narra seu agir na história.

Primeiramente, Deus se revela para a humanidade e ela se torna responsável por acolher esse propósito de vida, que se exprime por meio da catolicidade. Antes de analisar o modo pelo qual o Pontificado de Francisco assume e direciona a forma de comunicação e como a Igreja em um todo se torna convocada a assumir e direcionar essa realidade, como abordaremos nos próximos capítulos, faz-se necessário percorrer pelo enraizamento da revelação na humanidade.

Portanto este capítulo abordará a revelação que se dá a conhecer por meio da leitura hermenêutica e aprofundada da tradição teológica, outrora evidenciada pelos sinais reveladores compreensíveis à luz da fé.

1.1. "O anjo do Senhor anunciou": a Revelação na Escritura

Comunicar é a melhor forma de expressar o desejo de se tornar conhecido por outrem, na certeza de que tudo aquilo que se comunica se revela. Revelar-se consiste no modo mais coeso de ser comunicado, ciente de que quanto mais se concebe abertura, mais se recebe o que se comunica, pois se a mensagem se comunica, ela já se tornou revelada.

Deus próprio quis se revelar à humanidade que Ele mesmo criou e expressar seu amor do jeito mais belo e bom, certo de que, se revelando desde o princípio dos tempos, se daria a conhecer das mais variadas formas à sua humanidade criada, revelando seu projeto de amor, comunicação de sua presença na vida terrena.

Nasce da experiência feita pelos povos em seu amor a Sagrada Escritura[1], como fonte de anúncio máximo de sua presença, desejando que sua mensagem se propague pela eternidade, revelando seu projeto para com a humanidade. A Sagrada Escritura estabelece ao homem a virtude de reconhecer que Deus quer se dar a conhecer e se revela por meio da experiência feita com sua própria criação. Do mesmo modo que as pessoas humanas se dão a conhecer por palavras, gestos e ações ou, até mesmo, se dão a conhecer pelas coisas que criam, o próprio Deus também fez conhecer por primeiro. Pelas coisas que Ele criou e pelas

[1] Cf. DV 3.

expressões humanas que aconteceram, Ele se dá a conhecer para a humanidade, revelando-se e se comunicando de um jeito peculiar e próximo.

> Pela Revelação divina quis Deus manifestar-se e comunicar-se a si mesmo e os decretos eternos de sua vontade a respeito da salvação dos homens, "para os fazer participar dos bens divinos, que superam absolutamente a capacidade da inteligência humana". Este sagrado concílio professa que Deus, princípio e fim de todas as coisas, "tornou-se inteligível pela luz natural da razão através das criaturas" (cf. Rm 1,20); mas ensina também que deve atribuir-se à sua Revelação "poderem todos os homens, mesmo na presente condição do gênero humano, conhecer com facilidade, firme certeza e sem mistura de erro o que, nas realidades divinas, não é de si inacessível à razão humana"[2].

Em sua revelação à humanidade, Deus soube deixar o máximo exemplo de se comunicar aos seus, principalmente quando visitou a humanidade se encarnando em Jesus, seu enviado, para comunicar a salvação para as mais variadas formas de opressão sofridas pela humanidade. Revelando-se em Jesus, explicita-nos a *kênosis*[3] na história humana, esvaziando-se de si em sua grandeza e assumindo a pequenez em forma humana, para apresentar a comunicação da salvação como uma realidade que se encarna e vive os mesmos desa-

---

[2] *Idem*, 6.

[3] Conceito na teologia cristã que trata do esvaziamento da vontade própria de uma pessoa e a aceitação do desejo divino de Deus. É encontrado no Novo Testamento como o esvaziamento de Jesus. FILOVIDA, *Kenosis* (*online*), 2017, disponível em <https://www.filovida.org/2017/01/kenosis/>, acesso em: 10 de agosto de 2019.

fios enfrentados pela humanidade. A *kênosis* revela o *kairós*[4] que invade o *cronos*[5], ou seja, mostra que o tempo de Deus é oportuno e invade o tempo do homem, no momento necessário, para se conjugar a vontade de Deus com a realização humana. Esta é uma comunicação de libertação e/ou ressignificação promovida pelo amor de Deus contido na Sagrada Escritura, que se torna exemplo de *kairós* que invade o *cronos*.

1.1.1. Na Escritura, o anúncio comunicado a Maria no evangelho lucano

Toda a Sagrada Escritura compreende um forte anúncio da novidade de Deus para a humanidade. A própria etimologia do termo *evangelion*, palavra grega, refere-se à "boa notícia" ou "boa nova", que vem para deixar uma nova forma de se viver em meio a tantas opressões e desordens, na qual toda a Escritura se presume em uma fonte inesgotável do anúncio de uma novidade que veio para ser comunicada: Cristo Jesus.

A Escritura, no antigo ou primeiro testamento, prepara-nos para o evento Cristo, plenitude de amor do Pai, que no Novo Testamento nos dá a conhecer sua história enquanto

[4] Conceito de origem grega que significa "momento certo" ou "oportuno", relativo a uma antiga noção que os gregos tinham do tempo. No âmbito religioso, a palavra *kairós* é utilizada no sentido de "tempo espiritual" ou "o tempo de Deus", que é divergente do conceito cronológico de tempo terrestre, ou seja, as horas, os dias, os anos etc. SIGNIFICADOS, *Kairós* (*online*), 2015, disponível em <https://www.significados.com.br/kairos/>, acesso em: 10 de agosto de 2019.

[5] Conceito que explicita a definição do tempo cronológico e físico, compreendido como os anos, os meses, os dias, as horas, os minutos, os segundos etc. SIGNIFICADOS, *Cronos* (*online*), 2015, disponível em < https://www.significados.com.br/cronos/>, acesso em: 10 de agosto de 2019.

ser humano e divino, iluminado por suas importantes responsabilidades perante os desígnios de Deus.

Não se trata de comunicar nenhuma ideia ou nenhuma ideologia, mas se trata de anunciar uma verdade concreta, que tocou as pessoas humanas com sua vinda e que as preenche com sua presença. Trata-se de comunicar o próprio Deus, em Jesus Cristo, pela força do Espírito Santo.

Dessa força, a boa notícia apresentada na Escritura é o próprio Cristo, aquele que deve ser comunicado para a salvação dos povos todos. Nessa perspectiva, percebe-se que até a vinda de Deus para a terra necessitou ser anunciada, embora, particularmente, primeiro para uma simples e humilde família em Nazaré.

Na consciência de que toda a Escritura se trata de um anúncio, enfatiza-se o anúncio de Deus, pelo anjo, a Maria, mãe de Jesus. Esse anúncio aborda que ela seria a mãe do salvador da humanidade e que, dali para frente, teria uma missão ímpar em sua história e na história da existência de toda a humanidade, mesmo que muitos ainda não reconheçam Jesus.

O próprio Deus, antes de "visitar" a terra, ou seja, encarnar-se, trazendo a visita em plenitude, comunicou a seu anjo a missão que esse teria de comunicar a Maria. Os anjos cumprem e transmitem a mensagem de Deus para a humanidade.

No evangelho lucano, percebe-se a força anunciada pelo anjo Gabriel a uma virgem prometida em casamento a José.

> Entrando onde ela estava, disse-lhe: “Alegre-te, cheia de graça, o Senhor está contigo!” Ela ficou intrigada com essa palavra e pôs-se a pensar qual seria o significado da saudação. O anjo, porém, acrescentou: “Não temas, Maria! Encontraste graça junto de Deus. Eis que conceberás no teu seio e darás à luz um filho, e o chamarás com o nome de Jesus. Ele será grande, será chamado Filho do Altíssimo, e o Senhor Deus lhe dará o trono de Davi, seu pai; ele reinará na casa de Jacó para sempre, e seu reinado não terá fim”. Maria, porém, disse ao anjo: “Como é que vai ser isso, se eu não conheço homem algum?” O anjo lhe respondeu: “O Espírito Santo virá sobre ti e o poder do Altíssimo vai te cobrir com sua sombra; por isso o Santo que nascer será chamado Filho de Deus. Também Isabel, tua parenta, concebeu um filho na velhice, e este é o sexto mês para aquela que chamavam de estéril. Para Deus, com efeito, nada é impossível.” Disse, então, Maria: “Eu sou a serva do Senhor; faça-se em mim segundo tua palavra!” E o anjo a deixou (Lc 1,28-38).

Maria, a virgem mulher que recebeu o anúncio de Deus sinalizado pelo anjo, tornou-se a receptora da mensagem do céu, acolhendo-a com sua própria vida. Houve um fator essencial nessa comunicação. Deus, por intermédio do anjo, tornou-se o emissor, e Maria tornou-se a receptora. Para que o Verbo se encarnasse, ou seja, perpetuasse sua comunicação por excelência no seio da humanidade, deu-se a comunicação do próprio Deus em sua visita à humanidade por intermédio de uma pessoa humana, seu filho Jesus Cristo, no qual se tornou comunicado a Maria, que o acolheu, gerou e o comunicou ao mundo todo, fazendo com que todos os povos conhecessem o Deus encarnando para a salvação que abrange a totalidade da pessoa humana.

O anúncio do anjo a Maria recorda que Deus renova o rumo de todas as coisas, caminha com seu povo e se faz próximo à humanidade pecadora.

O anunciado torna-se um anunciante perfeito. O filho de Deus, nascido no seio de Maria, tornar-se-á o grande anunciador da boa notícia ao povo, proclamando a mensagem sem medo e com coragem, em todos os lugares possíveis, até mesmo onde encontra recusa.

O evangelho lucano apresenta a comunicação de Deus, que trouxe a salvação para a humanidade, apresentando o *fiat*[6] de Maria no anúncio de Jesus. O anúncio de Jesus inaugura um novo tempo, o tempo em que o próprio Deus encarnou-se na humanidade, autocomunicando-se como amor e salvação a todos os povos. Sua comunicação revela-nos seu amor infinito, que não quer cessar de ser comunicado, ao passo que continua constantemente se revelando à humanidade, uma vez que sua missão atua com misericórdia e libertação.

1.2. A Revelação na *Dei Verbum*

Ao comunicar-se à humanidade, Deus se revelou aos seus, manifestando a força dinâmica de sua graça e se fez presente na história de cada pessoa humana. Na Constituição Dogmática *Dei Verbum*, sobre a Revelação Divina, traça-se um

[6] Tradução latina: Faça-se.

panorama do Concílio Ecumênico Vaticano II e também sobre sua comunicação, visando uma igreja atualizada para o diálogo com o mundo hodierno. Nesse contexto, a Constituição sobre a Revelação Divina faz uma análise sobre a interpretação do modo pelo qual Deus se revela à humanidade, seja pela Sagrada Escritura, seja pela Sagrada Tradição. Deus perpetua sua missão na terra, embora não esteja mais fisicamente presente sobre ela, mas de forma espiritual; mantém sua presença viva e operante no seio da humanidade. Essa certeza da presença divina se acompanha por meio da Sagrada Escritura, na qual homens inspirados por Deus relataram aquilo que Ele mesmo desejou que fosse sabido e apreendido pela humanidade. Esses variados gêneros literários, contidos na Sagrada Escritura, manifestam a variedade da ação salvífica de Deus revelada para os seus. De modo análogo, a Sagrada Tradição também relata a vontade de Deus por meio de práticas comunicadas de geração em geração, que se manifestam em determinadas culturas.

> Como Deus na Sagrada Escritura falou por meio de homens e à maneira humana, o intérprete da Sagrada Escritura, para saber o que ele quis comunicar-nos, deve investigar com atenção o que os hagiógrafos realmente quiseram significar e aprouve a Deus manifestar por meio das palavras deles. Para descobrir a intenção dos hagiógrafos, devem-se ter em conta, entre outras coisas, também os "gêneros literários". A verdade é proposta e expressa de modos diferentes, segundo se trata de textos históricos de várias maneiras, ou de textos proféticos, ou poéticos, ou ainda outros modos de expressão. Importa, pois, que o intérprete busque o sentido em que o hagió-

> grafo pretendeu exprimir e de fato exprimiu em determinadas circunstâncias, segundo as condições de seu tempo e de sua cultura, usando os gêneros literários em voga. Para entender retamente o que o autor sagrado quis afirmar por escrito, dizer ou narrar em uso nos tempos do hagiógrafo, quer àqueles que na mesma época costumavam empregar-se nos intercâmbios humanos[7].

A Igreja nasce do amor de Deus como comunicação expressa de seu projeto para a humanidade criada por sua caridade. Como a Igreja nasce de sua vontade, assim também a Tradição e a Escritura se fundamentam. Tanto a Tradição, quanto a Escritura, ambas careceram de pessoas para que se tornassem difundidas. Homens, anteriores a nós, comunicaram suas vidas em prol da evangelização, fazendo memória e perpetuação dos atos em honra a Jesus Cristo e tornaram sua mensagem de maneira escrita para nossa compreensão. Esses homens foram conduzidos pelo Espírito Santo de Deus, como aqueles que beberam da fonte e tornaram-se inspirados para fazer com que a própria mensagem de Deus se tornasse conhecida e se tornasse canal de comunicação de um novo tempo para todos os povos[8].

1.2.1. A Revelação na *Dei Verbum*: Antigo Testamento

Deus não fez, não faz e nunca fará distinção de pessoas, mas soube fazer sua atuação na história com alguns por pri-

[7] DV 12.
[8] Cf. DAp 27.

meiro, para exemplificar-nos sua vontade no meio da humanidade. De acordo com a Escritura, Ele traçou-nos sobre a origem da criação em Adão e Eva; mostrou-nos sobre a fé acentuada em Abraão etc. Desse modo, mostrou-nos também que elegeu um povo para libertá-los da opressão e com eles fez aliança, aliança esta que faz prefiguração a uma nova aliança, que se tornará plenificada na vinda do Messias.

Pelos profetas, tornou-se a se revelar e a mostrar que para tudo existe um tempo e que o maior desejo dele para nós é propriamente a salvação comunicada para libertar-nos das condições mais periféricas e/ou paupérrimas de vida.

O Antigo Testamento é um tempo de preparação e caminho. Trata-se de uma preparação para um caminho em direção ao Pai, que se revelará em Jesus Cristo, pela força do Espírito Santo, como conteúdo de salvação para a humanidade[9].

No Antigo Testamento, percebe-se que Deus começa a apresentar seu projeto. Na dificuldade de muitas pessoas ainda não compreenderem que o projeto de Deus acontecia em suas histórias, Ele soube aplicar de modo mais "redentor" sua identidade, identificando-se como o *goel,* ou seja, o Deus redentor. Não se trata de redimir as pessoas humanas porque seu projeto se tornou um fracasso ou um mero erro, mas porque as pessoas tinham dificuldade para compreender seus desígnios, ao passo que não as desamparando, Deus as

[9] Cf. André Torres QUEIRUGA, *A Revelação de Deus na realização humana,* 1995, p. 29.

redime para incentivá-las e mostrar a elas que caminha lado a lado delas, sendo presença preparadora e redentora.

A pedagogia do Antigo Testamento serve como fonte de inspiração de vida para todos aqueles que vão formando a imagem do Deus no qual creem e ao qual servem, criando gradativamente a consciência de que Ele sempre vem ao encontro dos seus para cuidar deles, prepará-los, amá-los e libertá-los.

1.2.2. A Revelação na *Dei Verbum*: Novo Testamento

O Novo Testamento comunica acentuadamente o principal conteúdo a ser comunicado pela Igreja, expressão de seu amor, ou seja, seu motivo maior e sua razão primeira. Trata-se de anunciar Jesus Cristo e sua missão, por meio de experiências feitas por sua revelação, em uma nova forma de enxergar e de se comprometer com a vida em sociedade, trazendo o conceito de um Deus redentor que salva e liberta, chamando-nos a construir seu Reino de paz e amor. Ao se encarnar na história, quis o próprio Deus trazer-nos a boa notícia, comunicando-nos que sua revelação tem fator primordial na realização da pessoa humana.

> Esta tendência a considerar a revelação como palavra, e como palavra consignada e fixada em livro, será, naturalmente, herdada pelo Novo Testamento. Nem podia ser de outra maneira, dado que a princípio o Antigo Testamento constituía a Escritura Sagrada dos cristãos, concebida em toda a sua extensão sob o padrão de "palavra de Deus".

> [...] Sem dúvida a aparição de Jesus supôs um acontecimento de tal magnitude, que sua presença viva constituiu-se para a experiência original na figura real e palpável da revelação de Deus. A palavra parecida sustentada e transcendida pela encarnação. Ele foi mestre e revelador com a doutrina, mas também com as obras e com a vida inteira. [...] A primeira reflexão cristã terá de matizar de algum modo o tema da revelação (mesmo se, como no Antigo Testamento, tampouco a terminologia se fixa nem muito importante)[10].

O Novo Testamento tornou-se privilegiado por narrar a vida de Jesus por excelência, comunicando-nos o nascimento da história pela qual todos nós fazemos parte, na perspectiva de que, pela nova e eterna aliança, a comunicação nunca deixará de alcançar seu papel com vigor e eficácia. Não se trata de comunicar uma história de fadas ou lendas e mitos, que, em determinadas épocas, alcançam seu auge e servem para explicitar alguma forma de pensamento do momento, mas que, depois, com o passar do tempo, deixam de alcançar seu vigor. Referimo-nos no anúncio do *logos*, ou seja, o verbo encarnado no seio da humanidade e a palavra feito homem, que, tornando-se carne, penetra na história de modo humano e compartilha da mesma perspicácia que todas as pessoas humanas têm de enfrentar. Enfrentou dores, rejeições, angústias, alegrias, fadigas, vitórias, derrotas. Não hesitou de modo algum e cumpriu tudo autenticamente, pois se tratava de cumprir o plano do Pai. Com sua vida comunicou o Reino. Não há gesto melhor de comunicar o Reino do que

---

[10] *Idem*, p. 33.

com a própria vida sendo ofertada de forma coerente e segura de oblação. Dessa atuação nasce a Igreja, que tem seu fundamento em Cristo, auxiliada pela missão dos apóstolos. Desse modo concebe-se o Novo Testamento como origem apostólica dos Evangelhos, como testemunho específico da ação do verbo encarnado na realidade humana. Nasce dessa comunicação aquilo que necessita ser anunciado, ao passo que a própria Escritura aponta no evangelho em Mateus 24,35: "Passarão o céu e a terra. Minhas palavras, porém, não passarão".

Evidentemente, na Escritura, há a preocupação de transmitir a verdade. Não se anuncia com seriedade se o princípio da comunicação por parte dos comunicadores não tiver compromisso com a verdade. No caso escriturístico, os hagiógrafos nos deixaram dados por escrito, ou por meio da própria tradição, iluminando-se sempre na ótica da verdade e do compromisso de ser portadores da mensagem de transformação em prol do Reino. Não se comprometer com a verdade refere-se ao fato de anunciar a ausência de princípios e valores para as pessoas. Mentir não causa unidade. A própria escritura aponta-nos no evangelho de João 8,44: "Vós sois do diabo, vosso pai, e quereis realizar os desejos de vosso pai. Ele foi homicida desde o princípio e não permaneceu na verdade, porque não há verdade nele. Quando ele mente fala do que lhe é próprio, porque é mentiroso e pai da mentira".

Todos os escritos do Novo Testamento abordam com eficácia aquilo que Deus mesmo desejou comunicar por meio dos redatores sagrados e narram a forma pela qual a Igreja vem se perpetuando desde sua origem e também a forma pela qual Jesus acompanhou seus seguidores, deixando-lhes a missão de plenificar a vontade de Deus em todos os quatro cantos da terra.

1.3. Encarnar-se na história: a economia salvífica comunicada em Cristo

Aprouve-lhe a Deus se encarnar na história e tornar-se humano como nós. Sua revelação trouxe-nos realização, tornando-se semelhante a nós em tudo, exceto no pecado. Ao afirmar que Cristo tornou-se igual a nós em tudo, exceto no pecado, percebe-se que a missão por excelência do Filho, ao se encarnar na história, torna-se justamente a forma de comunicar a mensagem por meio de sua vida. Essa mensagem se dá no emaranhado de seus atos, de suas palavras e posturas, no tocante a nos libertar, salvar e redimir de todas as condições de escravidão e de escuridão. No desejo salvífico do Pai, fez-se necessário objetivar que, com a presença dele feito homem, a salvação não se tornaria algo exclusivo de um povo, mas se tornaria universal.

No estudo trinitário, aprendemos que existem três pessoas distintas em um único Deus. Essa comunhão divina refere-se justamente à especificidade do atributo de cada pessoa: Pai e o Filho e o Espírito Santo têm suas características que nos iluminam na compreensão e vivência do Reino.

> Trata-se dele mesmo, que é o centro vivo e pleno da revelação. A teologia clássica trabalhou com um esquema vertical e no fundo - como tantas vezes assinalou Karl Rahner - "monofisista": Jesus chegou a terra sabendo já de tudo, e sua missão consistiu em ir revelando-nos isto aos poucos. Vem a ser este o significado da conhecida tripartição da ciência de Cristo: beatífica, infusa e experimental. Destas, à ultima correspondiam unicamente as coisas práticas da vida sem relevância reveladora, e às duas primeiras todo o propriamente revelador. Porém a ciência infusa e a beatífica eram, por definição, algo dado e perfeito, que a humanidade de Jesus recebia passivamente. Por isso tudo era claro para ele, sem sombra de dúvida, erro ou ignorância[11].

Dessa forma se enaltece a forma de olhar para o próprio Deus em seu mistério trinitário e perceber que em meio a toda a sua força, Ele desejou viver em comunhão, para anunciar, ou seja, comunicar à humanidade que o encontro torna-se uma possibilidade de "saída" para a construção de seu Reino de paz e de amor para todos.

Essa "saída" não se refere a nenhum tipo de dispersão, no qual cada um toma seu devido rumo e segue destino adiante, mas se refere ao fato de que cada um, assim como o próprio modelo trinitário, embora sejam um – como o próprio evangelista João afirma em 17,21: "Para que sejam um" –, cada qual contempla sua distinção que se torna capaz de levar à união. Cada um possui sua missão. A união é possível a nós, como nos comunica propriamente o mistério da trindade. Na trindade, não existe uma união de ideologias ou partida-

[11] *Idem*, p. 71.

rismos diplomáticos, mas uma união de relação, de encontro, de vida. Esse encontro faz com que o atributo de cada um se torne essencial, isto é, único para a salvação de todos. No campo social não pode ser diferente. Cada qual deve usar de seus atributos, sua personalidade, identidade, essência, encontrando-se consigo mesmo primeiramente para a saída ao encontro do próximo e, juntamente com ele, tornar-se comunhão de valores e princípios norteadores, que serão capazes de construir o reino almejado por Deus.

Essa comunhão une o diferente. Somente unindo o diferente acontecerá uma profunda e eficaz união a ser comunicada. Não existe união se não partirmos do pressuposto de que existem pelo menos dois princípios diferentes. Se existem dois princípios diferentes, pode-se acontecer a união em vista de algo. Do contrário, não se trata de união, mas de um tipo de ajuntamento, sem compromisso, gerador de vida.

1.3.1. A Igreja: Corpo de Cristo

Nasce a Igreja desse modelo trinitário. Especificamente, na missão terrena do Deus encarnado que em Jesus visita seu povo. A Igreja, do termo grego *ekklesia*, que nos remete à "assembleia reunida", estabelece a ligação de que aqueles que se reúnem, unem-se por meio de um vínculo transcendente, que os chama para fora, para encontrar, para sair, para anunciar e comunicar. Há também certa comunhão. A trindade capacita o horizonte da Igreja. O modelo trinitário deve ser abraçado por toda a comunidade. Trata-se de um modelo, ou seja, de um modo pelo qual deve ser destacado, para que, vivendo esse norte, o povo encontre sentido naquilo que acredita e que faz.

> Consumada a obra que o Pai confiara ao filho para que ele a realizasse na terra (cf. Jo 17,4), no dia do Pentecostes foi enviado o Espírito Santo para santificar continuamente a Igreja e assim dar aos crentes acesso ao Pai, por Cristo, em um só espírito (cf. Ef 2,18). Este é o Espírito que dá a vida, a fonte da água que jorra para a vida eterna (cf. Jo 4,14; 7,38-39); por ele, o Pai dá vida aos homens mortos pelo pecado, até que um dia ressuscitem em Cristo seus corpos mortais (cf. Rm 8,10-11). O Espírito habita na Igreja e nos corações dos fiéis, como em um templo (cf. 1Cor 3,16; 6,19): neles ora e dá testemunho de que são filhos adotivos (cf. Gl 4,6; Rm 8,15-16 e 26). Leva a Igreja ao conhecimento da verdade total (Jo 6,13), unifica-a na comunhão e no ministério, dota-a com diversos dons hierárquicos e carismáticos, com os quais a dirige e embeleza (cf. Ef 4,11-12; 1Cor 12,4; Gl 5,22). Com a força do Evangelho, faz ainda rejuvenescer a Igreja, renova-a continuamente e eleva-a à união consumada com seu Esposo. Pois o Espírito e a Esposa dizem ao Senhor Jesus: "Vem" (cf. Ap 22,17)[12].

Essa união gera dons, carismas e frutos, pelos quais formarão um corpo. Esse corpo se reúne em nome de Cristo, para promover a fraternidade universal e para comunicar uma nova forma de viver. Estabelece-se o corpo de Cristo, luz dos povos, iluminando todo o tipo de trevas da sociedade. Cristo torna-se reconhecido com a luz divina, porque Ele soube iluminar toda a forma de opressão e distanciamento

[12] LG 4.

de Deus vivenciado na humanidade, ressignificando tudo com a luz, que ilumina toda e qualquer forma de escuridão do mal.

Presente na história, a Igreja comunica a luz que ilumina todas as trevas, no Cristo que ilumina o mundo e que reina perante todos os povos.

Iluminar todas as situações escuras configura o dever missionário da Igreja, no cumprimento do mandato de Jesus, que soube abdicar de seu senhorio para viver combatendo o mal na pobreza e na obediência, até mesmo no momento auge de sua vida, que se concretiza na cruz. Toda a missão terrena de Jesus certamente culminaria em certo incômodo para os adversários dos destinatários do Reino. Ao tornar-se um incômodo, obviamente Jesus receberia uma punição. A punição recebida por Jesus tornou-se "vitória" para a Igreja, pois ao estabelecer-se como vencedor dessa punição, a Igreja encontra seu sentido de vida plena.

Idoneamente, na oblação de Jesus como oferenda perfeita a Igreja se fortalece como corpo, tendo Ele por cabeça, ao passo que movidos pelas diferenças e sustentados pela unidade, o próprio Cristo cabeça guia e conduz seu corpo, da forma que o Espírito Santo lhe aprouver[13].

A missão da Igreja consiste em propagar a união perante todos os povos e a comunicar a esperança de salvação que se recebe a partir do encontro que se faz com a pessoa de Jesus Cristo, em uma profunda experiência de Deus, pela força do

[13] Cf. DAp 31.

Espírito Santo. A própria trindade tornou-se corpo quando se uniu para nos indicar o caminho da salvação.

Colocar-se como corpo de Cristo na humanidade expressa o envio de uma fortaleza edificante para o sistema dificultoso e opressor que diariamente se enfrenta. No meio de tanta comunicação contingente, a comunicação divina opera de maneira virtuosa na realização humana.

> O povo de Deus se constrói como comunhão de Igrejas particulares e através delas, como intercâmbio entre as culturas. Nesse marco, os bispos e as Igrejas locais expressam sua solicitude para com todas as Igrejas, especialmente para com as mais próximas, reunidas nas províncias eclesiásticas, nas conferências regionais e em outras formas de associação interdiocesana no interior de cada nação ou entre países da mesma região ou continente. Essas várias formas de comunhão estimulam com vigor as "relações de irmandade entre as dioceses e as paróquias" e fomentam "maior cooperação entre as Igrejas irmãs"[14].

O corpo de Cristo, expresso na Igreja, traduz o amor do Pai perante a humanidade, que cria e não deixa nenhum dos seus desamparados; expressa o amor no filho, que redime e age com misericórdia pela humanidade inteira e o amor no Espírito Santo que ilumina todas as situações necessitadas.

Pela sucessão apostólica, a Igreja permeia a vontade de Deus para com a humanidade, na perspectiva de "ontem, hoje e sempre" estar comunicando o amor que deve ser perpetuado. Cada porção do povo de Deus, por meio das igrejas

[14] *Idem*, 182.

particulares e seus bispos, legítimos sucessores dos apóstolos, torna-se chamada a viver em sua história o mistério da trindade, comunicado para a salvação da humanidade.

1.3.2. Eterna aliança: o anúncio da Boa-Nova

A Igreja em sua missão de ser o corpo de Cristo está sustentada e fundamentada sob a tutela de um cabeça, o qual, se sabe que é o Cristo, razão do anúncio eficaz para todos os povos.

Outrora prefigurando o caminho eterno, o antigo e primeiro testamento trataram-se de uma aliança feita com Deus perante seu povo por intermédio daqueles que antecederam uma aliança nova e eterna, na qual o próprio Cristo constitui-se como fundamento: "Neste sentido é que Jesus se tornou a garantia de uma aliança melhor" (Hb 7,22); afirmando Ele mesmo na ceia aos discípulos: "Depois, tomou um cálice e, dando graças, deu-o a eles dizendo: 'Bebei dele todos, pois isto é o meu sangue, o sangue da Aliança, que é derramado por muitos para a remissão dos pecados'" (Mt 26,27-28).

Em Jesus Cristo se dá a forma mais perfeita de comunicação com o Pai, ou seja, com Deus. Nele se plenifica a aliança e a Boa-Nova passa a fecundar a terra, na certeza de que todos aqueles que se aproximarem de sua presença, escutando suas palavras e as praticando, certamente serão salvos.

Trata-se de reconhecer na Igreja um dinamismo especial, uma força redentora, capaz de se mover como corpo de Cristo, que cuida e protege dela como sendo cabeça e sendo promotora fecunda do semear de uma nova humanidade, como a nova e eterna unidade de Deus feita com a terra.

As propriedades dessa palavra revelam uma virtude especial, que age de maneira sobrenatural, ao afirmar que a aliança se fez de modo eterno. A eternidade fecunda e se enraíza na história não como algo passageiro, supérfluo ou contingente, mas como algo que durará para todo o sempre. Afirmar que Cristo se estabelece como a nova e eterna aliança refere-se ao mesmo que afirmar que novas coisas virão, coisas antigas se renovarão e que a comunicação de seu amor para a humanidade será ontem, hoje e sempre[15].

Diversas categorias descrevem a Igreja como sendo: o redil, campo de Deus, edifício do altíssimo, "Jerusalém do alto" e "nossa mãe"[16]; apontando que a missão da Igreja equivale à mesma missão de seu fundador, o próprio Cristo, comunicando o caminho necessário para alcançar os frutos da salvação.

Na transformação da humanidade, a Igreja alcança primordial missão, já que o próprio Cristo foi o enviado do Pai para proclamar a Boa-Nova aos mais necessitados, ou seja, foi a comunicação de Deus para trazer uma notícia de esperança no caminhar do povo.

> Deus convocou a assembleia dos que em Jesus veem, com fé, o autor da salvação e o princípio da unidade e da paz, e com eles constituiu a Igreja, a fim de que ela seja,

[15] Cf. LG 6.
[16] *Ibidem.*

> para todos e cada um, o sacramento visível desta unidade salvadora. A Igreja, devendo-se estender a todas as regiões, entra na história dos homens, porém, ao mesmo tempo transcende o tempo e os confins dos povos. E ao caminhar por entre as tentações e as provas, ela é fortalecida pelo conforto da graça de Deus, que o Senhor lhe prometera, para que, na fraqueza da carne, se não afaste da fidelidade perfeita, mas se conserve sempre como esposa digna de seu Senhor e nunca deixe de renovar-se pela ação do Espírito Santo, até que, pela cruz, atinja aquela luz que não conhece acaso[17].

Em sua conjuntura, age a Igreja de modo especial, sustentando a fé e avivando carismas e talentos nas pessoas humanas. Muitos questionam se ir até a Igreja é necessário e se rezar em suas casas não é a mesma coisa; mas, quando estas pessoas fazem uma experiência profunda com a pessoa de Jesus, o encontro ganha sentido e a realidade vira outra. Não se questiona simplesmente o fato de ir à Igreja ou não, mas se ressalta a importância do viver em comunidade, da mesma forma que a própria trindade se comunicou; ressalta-se a importância do transformar-se em um único corpo para auxiliar-se uns aos outros; ressalta-se a importância do congregar a aliança que fora feita pela remissão de muitos e não exclusivamente de uma única pessoa.

A adesão a Cristo se faz de forma pessoal, mas a vivência dessa adesão se dá em um processo comunitário, que alcança a unidade pela vida da comunidade, na ação vivificante do Espírito Santo de Deus. Nessa ação do Espírito Santo, avi-

[17] *Idem*, 9.

va-se no seio da comunidade a multiforme dádiva de encontrar personalidades, carismas, dons e talentos que concorrem para a forma de perceber o agir de Deus em seu comunicar à terra.

Em cada jeito de ser, a graça do Espírito Santo age de forma incansável, despertando na característica mais acentuada de determinada pessoa, sublime dom específico que se destaca entre a outra pessoa. Para cada pessoa, Deus comunicou uma forma diferente de abraçar a vida e encará-la. Nessa aventura dinâmica e formosa, a cooperação com o Reino na vida em comunidade torna-se a santidade, na qual muitos pensam que se torna impossível de ser alcançada, mas que, na verdade, compreende-se sempre mais em crescer na estatura de Cristo e nela se preservar, para que a vida comunitária não se transforme em uma vida de utopia, mas em um profundo acontecimento de encontro com Deus e saída para o encontro com o próximo. Nenhum santo canonizado se "santificou" sozinho. Não se estabelece aqui como ideia o processo que o levou à canonização. Esse processo não se deu de forma sozinha, mas se confecciona a ideia de que, durante sua existência terrena, aquele que se tornou canonizado se fez progredir na estatura de Cristo e sempre buscou aprofundar a experiência com Ele na história. Trata-se de uma intimidade itinerante, que se pauta na comunhão, ou seja, de um caminho que se faz por meio da vivência com a comunidade.

> A intimidade da Igreja com Jesus é uma intimidade itinerante, e a comunhão "reveste essencialmente a forma de comunhão missionária". Fiel ao modelo do mestre, é vital que hoje a Igreja saia para anunciar o evangelho a todos, em todos os lugares, em todas as ocasiões, sem demora, sem repugnâncias e sem medo. A alegria do Evangelho é para todo o povo, não se pode excluir ninguém, assim foi anunciada pelo anjo aos pastores de Belém: "Não temais, pois anuncio-vos uma grande alegria, que o será para todo o povo". O Apocalipse fala de "uma Boa-Nova de valor eterno para anunciar aos habitantes da terra: a todas as nações, tribos, línguas e povos" (Ap 14,6)[18].

Encontrando na dinamicidade da vida comunitário-eclesial a realização dos dons, carismas, talentos e das personalidades, destaca-se a ação de Cristo com sua presença messiânica que penetra na realidade de todos com a mais profunda alegria de ser Igreja. Ser Igreja compreende viver com alegria e motivação o anúncio do evangelho a todos os povos. Refere-se ao converter de ideais que escravizam, matam, cegam, ferem e oprimem e abrir-se ao novo que vem de Deus, que soube ser comunicado aos seus com a iniciativa de amar sem reservas.

Potencializam-se todos os favores que foram concedidos aos seres humanos em vista do mesmo objetivo necessário a todos os povos: a salvação das pessoas humanas para o Reino de Deus, que se constrói cotidianamente na humanidade redimida. A maior comunicação o Pai já nos ofereceu no Filho. Pelo Espírito Santo, essa comunicação será perpetuada,

[18] EG 23.

compreendida e alcançada no seio da humanidade, uma vez que o Espírito nos impulsiona com seus dons, favorecendo-nos com sua atuação nos carismas e talentos, santificando-nos em nossa personalidade, para que cresçamos sempre na estatura de Cristo.

1.3.3. A Catolicidade do Corpo: o anúncio da aliança universal

Como sentido de expressão de encontro, entende-se o posicionamento de relacionar-se uns com os outros, em uma forma em que uma pessoa dialogue com a outra na "mesma língua", ou seja, não significa que se necessite falar no mesmo idioma, embora seja o mais visível, mas procurar sempre se falar na mesma linguagem. Todo e qualquer assunto precisa seguir uma linha de raciocínio. O princípio de qualquer comunicação se refere à linguagem que deve explicitar o objetivo de determinado assunto com veracidade.

Falar na mesma linguagem, de modo uníssono, ao passo que se ressoe o que se está falando, remete-nos ao maior desafio eclesial. Não se anuncia algo simplesmente em um continente ou na esfera de um determinado país, mas se anuncia a fé em uma pessoa para a salvação de todos. Sendo a salvação uma proposta de vida divina para todos, esta deve abranger uma linguagem universal, uma linguagem que seja pautada na catolicidade de seus membros.

O termo catolicidade provém de católico, que do grego significa universal, ou seja, que abrange com especificidade a totalidade das relações, da existência humana. Trata-se de um desafio enorme, mas totalmente necessário. Como se sabe, a missão do Filho ao mundo não se restringiu de modo individualista a apenas um grupo de determinadas pessoas, mas a toda a humanidade. Essa linguagem de Deus, em seu Filho, deu-se pela força do Espírito Santo. Ele possibilita a compreensão da linguagem que insere a Igreja, Corpo de Cristo, sempre aliada ao projeto celeste e que tem por dever unânime buscar a mediação entre o divino e o humano.

Na perspectiva de agir deliberadamente perante todos os povos, a Igreja encontra, como expressão da comunicação de Deus, o anúncio vivificante da Boa-Nova a todos. A Boa--Nova é o próprio Cristo, que comunicou com sua vida a linguagem universal do amor sem exceções.

Esse princípio do amor sem exceções deve ser o impulso do anúncio contido na catolicidade da Igreja, uma vez que a catolicidade somente se torna possível ao passo que a unidade em torno do altar de Deus comunica cotidianamente o memorial pelo qual se recorda, ou seja, une-se e se celebra até o fim de todos os tempos, como perpetuação do sacrifício de Cristo pela humanidade, o qual trouxe-nos vida nova. Em outras palavras, a Boa-Nova se atualiza em todos os tempos na ação do Espírito Santo que a dinamiza, agindo quando quer, da forma que quer, aonde quer que seja. Seu mover congrega a catolicidade e expressa a aliança entre Deus e os homens.

Ninguém se alia com ninguém sem antes ter um motivo importante para tal, na forma de um enlace esponsal, como se vê no âmbito civil. Costumeiramente, as pessoas que decidem contrair o sacramento do matrimônio são abençoadas para a vivência do sacramento e recebem o símbolo da aliança em suas mãos, para que sempre se recordem que prestam um compromisso de amor para com o outro. De certa forma, tornam-se marcadas perante outras pessoas que as veem, pois quem está com aliança não pode se aliar a outra pessoa porque já vive o sacramento do matrimônio.

O Corpo de Cristo, isto é, a Igreja, tem uma aliança feita com Deus, de modo que não se pode servir a duas faculdades de vida. O anúncio possibilitou o encontro, que possibilita a saída, na qual se faz pertinentemente a perpetuação desse ciclo, ao passo que com a ação perpétua dessa saída novos encontros com a pessoa de Deus pelo anúncio sempre estarão para acontecer. Desse modo, compreende-se que a Igreja consiste em uma expressão de unidade intrínseca de herdeiros feito irmãos para a glorificação do próprio Deus.

> Do mesmo modo, deve crer-se firmemente na doutrina de fé sobre a unicidade da economia salvífica querida por Deus Uno e Trino, em cuja fonte e em cujo centro se encontra o mistério da encarnação do Verbo, mediador da graça divina no plano da criação e da redenção (cf. Cl 1,15-20), recapitulador de todas as coisas (cf. Ef 1,10), "tornado para nós justiça, santificação e redenção" (1Cor 1,30). De fato, o mistério de Cristo tem uma sua unidade intrínseca, que vai da eleição eterna em Deus até à parusia: N'Ele [o Pai] nos escolheu, antes da criação do mundo, para sermos, na caridade, santos e irrepreensíveis diante d'Ele (Ef 1,4); foi também n'Ele que fomos feitos

> herdeiros, segundo os desígnios de quem tudo realiza conforme decide sua vontade (Ef 1,11); pois àqueles que de antemão conheceu, também os predestinou para serem conformes à imagem de seu Filho, a fim de que Ele fosse o Primogênito de muitos irmãos. E àqueles que predestinou, também os chamou; àqueles que chamou, também os justificou; e, àqueles que justificou, também os glorificou (Rm 8,29-30)[19].

No encontro pessoal com Cristo, cada pessoa humana torna-se convocada a encontrar-se com a comunidade, para que se entrelace com a promoção de valores e princípios norteadores que apontem a luz necessária perante a sociedade e que sinalize para ela novas formas de viver à luz da fé, no anúncio redentor que comunica misericórdia e redenção.

Nos encontros da vida humana, pessoas se cruzam, relacionam-se, veem-se, mas nem sempre se entrelaçam, ou seja, são capazes de criar laços, vínculos que possibilitem a promoção de outras pessoas. Na esfera social, encontros são movidos, na maioria das vezes, por interesses particulares ou, até mesmo, no campo virtual, como uma forma de distanciamento pelo uso irregular.

Promover a pessoa humana, em um encontro virtuoso, aonde quer que seja, tornou-se um desafio que a Igreja não se mostrou dissonante. Na história, a Igreja sempre se mostrou preocupada com o anúncio do Reino e a forma pela qual essa comunicação vem alcançando os seus, para que te-

---

[19] DI 11.

nham verdadeiramente um encontro com a pessoa de Cristo, para que se coloquem em posição de saída para o anúncio.

Nos últimos anos, o Pontificado de Francisco, o argentino eleito como Romano Pontífice pela força do Espírito Santo, soube trazer, em uma nova esfera, a nova comunicação de Deus para sua Igreja. Em um passeio por seu pontificado como Papa, por meio da leitura da teologia de seus ensinamentos catequéticos para a Igreja e seus rumos, perceber-se-á a alegria do anúncio, ou seja, a alegria de comunicar o encontro com Cristo Jesus para uma Igreja em saída, rumo ao coração de todos os povos, visando a salvação almejada.

II

COMUNICAÇÃO PROMOTORA DA CULTURA DO ENCONTRO PARA UMA IGREJA EM SAÍDA

Assumida como revelação de Deus para a humanidade, a comunicação assume seu papel de ser o meio eficaz de anunciar Jesus Cristo e propagar sua missão na sociedade à luz da fé. Sendo a comunicação um meio pelo qual o homem, ao vivenciá-la, torna-se também mais humano, ao passo que essa realidade lhe confere também a oportunidade de ser social. Ela promove a "cultura do encontro" entre as pessoas e promove a "Igreja em saída" para a evangelização de todos os povos.

Essas expressões são assumidas pelo pontificado de Francisco, o argentino que se tornou papa da Igreja católica e assumiu o ministério de governá-la, comunicando um novo tempo pastoral para a Igreja. Essa maneira de compreender o pontificado de Francisco, em uma chave de leitura renovadora para a caminhada pastoral, exige enraizamento na doutrina pastoral da Igreja, uma vez que o que se torna novo refere-se justamente à forma de Francisco se comunicar, porque sua linguagem pastoral se fundamenta no que a Igreja outrora estabeleceu como seu magistério.

Neste capítulo, compreenderemos o evento Francisco enquanto tal e sua linha assumida para o pontificado, em uma compreensão de sua escola teológica e suas impressões acerca da vida pastoral em constante processo de atualização para alcançar todos os povos em suas realidades. Nele, faremos uma análise da forma pela qual Francisco conduz seu pontificado desde o momento de sua eleição até os dias atuais.

Abordaremos, na primeira seção, a comunicação em seu pontificado e suas principais relevâncias para a estrutura da Igreja em suas atividades, conhecendo a origem de Francisco e seus posicionamentos primeiros em seu pontificado, que impactaram a sociedade. Cada atitude demarca uma nova comunicação no agir pastoral.

Respondendo às principais questões sobre: Quem é Francisco? De onde veio? O que seus gestos comunicam; conheceremos melhor seu pontificado e a comunicação que traz consigo. Nas demais seções elencaremos as expressões mais populares usadas em seu pontificado, que demarcam a novidade da linguagem pastoral em seu ministério: "Cultura do encontro" e "Igreja em saída", que não se tratam de nenhuma inovação por detrás da linguagem, referindo-se àquilo que a Igreja já demarcava em seu magistério. Porém a linguagem de Francisco, ou seja, sua comunicação, traz essa maneira inovadora de conceber o magistério, criando expressões próprias que impulsionam a Igreja em seu agir pastoral. Com isso, Francisco continua sustentando que tudo o que a Igreja vem pedindo até então se torna essencial para a evangelização de todos os povos. Nos meios de comunicação, ele reconhece espaço privilegiado para tal.

Na última seção, elencaremos que a "alegria" do evangelho, presente incessantemente em seus discursos, alcança espaço privilegiado no campo midiático. Esse meio também se torna pertinente para compreendermos a Revelação de Deus até os dias atuais, abrindo-nos espaço para a compreensão do último capítulo desta investigação, que favorece a presença eclesial nos meios de comunicação social.

2.1. A comunicação no Pontificado de Francisco

No dia 17 de dezembro de 1936, nasce, na Argentina, Jorge Mario Bergoglio, que, no ano de 2013, com a renúncia histórica de Bento XVI, assume como Papa a Igreja Católica, sendo seu líder máximo. Com sua renúncia, Bento XVI desejou comunicar à Igreja um novo tempo, tempo de renovação em suas estruturas, na qual, não obstante à realidade doutrinal, desejou ardentemente que uma outra pessoa com maior vigor assumisse a condução da barca de Pedro, isto é, a Igreja Católica[1].

[1] Cf. Andreas ENGLISCH, *Francisco: o papa dos humildes*, 2013, p. 7.

O conclave elege um latino-americano, na tentativa de deixar a Igreja guiar-se por uma nova condução, a qual, ousadamente, o cardeal argentino soube abraçar.

No dia 13 de março de 2013, o cardeal argentino torna-se anunciado como Papa para a Igreja, escolhendo, por indicação do cardeal brasileiro Dom Cláudio Hummes, o nome de Francisco. O cardeal argentino se encanta com a iluminação dada pelo cardeal brasileiro e abraça não somente esse nome, mas todo o "ideal" que existe por detrás desse nome. Certamente, na história de um dos fundadores das ordens mendicantes, São Francisco de Assis, sabe-se da inspiração por ele recebida: "Francisco, vai e reconstrói minha Igreja", que lhe aprouve a Deus ressoar.

No coração do cardeal argentino, o novo Papa, ressoava esse desejo e, ao mesmo tempo, a forte missão de tudo o que ele tinha de enfrentar na condução da Igreja de Cristo.

A Igreja Católica enfrentava tempos tão difíceis e complexos como o desafiador tempo atual. No contexto assumido por Francisco, a Igreja precisava de posicionamentos fortes acerca de casos de escândalos de dinheiro e corrupção, de pedofilia por parte de determinados membros da Igreja, de contratestemunho e falta de anseio missionário na cúpula vaticana etc[2].

Em todos esses desafios fortes, Francisco precisava obter uma postura de renovação e mudança radical, na qual todos

[2] Cf. *Idem*, p. 9.

os seus discursos, até então, mostram a preocupação de uma Igreja que promova: encontro e saída.

> Papa Francisco virou do avesso o estilo de comunicação do pontificado. Ele quer instantaneidade, espontaneidade, sinceridade, convicção. Sua comunicação é global. Fala indistintamente a todos. Ele não tem preferências, pois todos precisam de sua palavra, que se transforma em mensagem. Na comunicação, papa Francisco dispensa intermediários. Ele mesmo faz-se comunicação com seus gestos, sua espontaneidade, sua instantaneidade. Sua mensagem é universal e dirigida principalmente às periferias existenciais do mundo. Suas viagens nacionais e internacionais - Lampedusa, Rio de Janeiro, Cagliari, Assis - testemunham essa força comunicativa com sabor mais do extraordinário do que do ordinário. "Por essa razão nos sentimos honrados", diziam Gino Falleri e Carlo Felice Corsetti, idealizadores do prêmio jornalístico internacional Argil, homem europeu, no dia 13 de dezembro de 2013, ao premiarem papa Francisco, em nome de todos os que acreditam na comunicação transformada em diálogo, colóquio, justiça, anúncio de fraternidade. Nesta mesma data conferiram ao papa Francisco um reconhecimento todo especial, definindo-o como "uma personalidade de relevo mundial, um grande comunicador global"[3].

Francisco não hesitou em iniciar seu pontificado com ares de reforma e trouxe, desde aquele momento, uma nova comunicação para a Igreja. Essa revelação em seu pontificado mostra-nos a revelação de Deus que configura um novo tempo para sua Igreja. Não se trata de uma reforma doutrinal mera e exclusivamente, mas se trata de uma reforma que ressignifica o modo de ser Igreja, revitaliza o agir pastoral

[3] Dario Edoardo VIGANÒ, *Irmãos e irmãs, boa noite!: o papa Francisco e a nova comunicação da Igreja*, 2017, p. 7.

e fazendo jus ao Concílio Ecumênico Vaticano II, faz eco ao *aggiornamento*[4] de São João XVIII. A Igreja precisava se atualizar de forma real e comprometedora, uma vez que sua preocupação deveria se concentrar muito mais nas realidades periféricas e existenciais do que nas realidades centrais.

Em seu anúncio, o papa Francisco já instaura uma nova onda de comunicação para a Igreja. Sua humildade demarcou seu primeiro momento como Papa para o povo. De um jeito sereno e extrovertido, apresentou-se para a Igreja e pediu para que rezassem por ele, indicando que seu caminho necessitava de muita espiritualidade para enfrentar os desafios, na companhia daquele que o elegeu.

Já nos primeiros momentos de seu pontificado, Francisco apontava traços de como seria o seu agir pastoral, ou seja, como seria a forma de conduzir seu pontificado à frente da Igreja de Cristo. Consigo ele não trouxe nenhuma novidade, mesmo que certas expressões, como "Cultura do encontro" e "Igreja em saída", entre outras, demarquem especificamente seu pontificado. Elas não são invenções pura e simplesmente de sua cabeça, como algo que lhe conjugue estritamente volitivo, mas como uma necessidade que ele julga apta para o momento em que vivemos como Igreja. Essas expressões resultam em um diálogo de Francisco com tudo o que a Igreja já vem dizendo até o presente momento, ao passo que expressos em sua linguagem assumem uma novidade pastoral de extrema relevância[5].

---

[4] Atualização.

[5] Cf. José Manuel VIDAL; Jesús BASTANTE, *Francisco, o novo João XXIII – Jorge Mario Bergoglio: o primeiro pontífice americano para uma nova primavera da Igreja*, 2013, p. 13.

Com sua forma de abdicar o conforto pelo qual, até então, todos os papas gozavam, abrindo mão de diversos tipos de auxílios e outros serviços prestados ao romano pontífice, Francisco mostrou com sua própria vida aquilo que ele desejou comunicar para a Igreja: uma nova primavera.

Não se trata de uma forma teatral de Francisco ao assumir o pontificado, ao passo que os argentinos que o conheciam, devido ao seu arcebispado em Buenos Aires, conheciam-o como um cardeal simples e desapegado de bens, próximo de suas ovelhas e enfurecido com erros na caminhada eclesial. Essa sua postura permanece em seu pontificado.

Em uma de suas primeiras entrevistas, já com os jornalistas, no dia 16 de março de 2013, Francisco disse que desejava uma Igreja pobre e para os pobres. Os pobres são os destinatários do Reino de Deus. A Igreja tem opção evangélico-preferencial pelos pobres, justamente porque eles não estão na centralidade da humanidade, na ótica da sociedade capitalista, mas estão às margens. Não se tratam de pobres simplesmente em uma realidade financeira e/ou econômica, mas em uma realidade existencial, espiritual, humana. Existem muitas pessoas que são dotadas de uma alta quantia financeira em suas vidas, mas não encontram sentido para sua existência, nem encontram o coração preenchido de uma espiritualidade profundamente transformadora e altamente vivificante[6].

[6] Cf. *Idem*, p. 19.

> Estas "ovelhas desgarradas" não virão ao encontro de uma Igreja com o perfil do irmão mais velho da Parábola do Filho Pródigo. Por isso, Aparecida, que tem muito do Papa Francisco, pois foi ele o coordenador da equipe de redação do documento, depois censurado pelo Celam e por Roma, fala da necessidade de passar de um eterno esperar a um constante buscar. Para o Papa Francisco, a "posição do discípulo missionário não é uma posição de centro, mas de periferias". Ainda como bispo em Buenos Aires, criticava "as pastorais distantes", pastorais disciplinares que privilegiam os princípios, as condutas, os procedimentos organizacionais, sem proximidade, sem ternura, nem carinho. Ignora-se, dizia ele, a "revolução da ternura", que provocou a encarnação do Verbo. Ele tem razão, pois Jesus não veio para os sãos, mas especialmente para os doentes, os excluídos das instituições rígidas, para resgatar o que estava perdido, para redimir, e não para julgar e condenar[7].

Para a renovação de toda uma Igreja de fiéis, Francisco enfrentou duras e tendenciosas críticas, principalmente pela linha ultraconservadora da Igreja, que, em determinadas situações, se insinuaram contra ele, provocando muito o agir pastoral da Igreja. Por sua ênfase na aptidão ao *aggiornamento* pastoral conciliar, assim como ocorreu no Concílio com São João XVIII, muitas pessoas se colocaram de forma adversa à postura de Francisco, no campo de atuação da Igreja.

Francisco não deixa de ser conservador, pois em sua maneira de conduzir a Igreja de Cristo conserva os bons costumes, as legítimas tradições, o ardor apostólico, o amor e a fi-

[7] Agenor BRIGHENTI, Perfil pastoral da Igreja que o papa Francisco sonha, *in* José Maria da SILVA (org.), *Papa Francisco: perspectivas e expectativas de um pontificado*, 2014, p. 15.

delidade ao magistério, o zelo pela liturgia e outras inúmeras idoneidades, porém não se apodera de um "conservadorismo desmedido", no qual a lei se torna mais importante do que a vida da pessoa humana. Com seus pronunciamentos marcantes, Francisco não quer se desaproximar do magistério para se aproximar das pessoas, mas quer se aproximar das pessoas para aproximá-las do magistério. Para a revitalização de uma Igreja, tornam-se necessário, muito mais do que palavras, gestos que concretizem tal atitude, uma vez que a perspectiva da evangelização deve ser abrangida em um todo, ou seja, não somente na questão verbal, mas na questão comportamental, entre outras, que auxiliam no processo de comunicação da evangelização.

Encontramos em seu pontificado sua forma de enxergar em tudo uma solução capaz de transcender a realidade pela qual as pessoas humanas se encontram. Tornou-se marcado pela "quebra de protocolos", comunicando uma Igreja mais próxima das pessoas e mais distante das preocupações que não atingem, de fato, o ser humano em sua integralidade e/ou totalidade.

Para se aproximar dos fiéis, na tentativa de evangelizá-los, o papa Francisco se apoiará em multiforme maneiras de se fazer penetrar no seio da humanidade, esse ardor dinâmico, capaz de transformar a realidade pela qual se encontram. Ele se utilizará dos recursos mais alcançados pelos seres humanos, uma vez que sabe que para ir ao encontro das pessoas torna-se necessário adentrar em suas realidades, nas mais diversas situações em que elas se encontram. Nessa perspectiva, o pontificado de Francisco sempre comunicará uma mensagem de amor e misericórdia para as pessoas, da forma que ele considera que elas se sentirão mais conquistadas.

Para se comunicar com Francisco, não precisa se dispor das mais nobres intelectualidades ou das mais refinadas vestes, uma vez que essa não é sua preocupação. Ele tem a facilidade de comunicar a vida de uma maneira otimista, esperançosa, confiante no ser humano, uma vez que onde quer esteja sempre estará apto para comunicar uma mensagem de extrema importância para o ser humano[8].

No início de seu pontificado, a Igreja já pode desfrutar do ideal de renovação, com a promulgação da Exortação Apostólica *Evangellii Gaudium*, sobre a alegria do Evangelho, na qual deve preencher toda a esfera cristã, em que o cristianismo é chamado a viver por excelência.

Sua forma de comunicação para a Igreja constitui-se em uma nova primavera, por meio de uma leitura teológico-pastoral sobre seus pronunciamentos e suas exortações. Para ele, comunicar novos tempos para a Igreja torna-se um desafio que deve ser abraçado com alegria, sem que haja discriminação e violência. Não se pensa a comunicação no pontificado de Francisco, sem se pensar na alegria do anúncio evangélico.

> Em *Evangellii Gaudium*, diante de tantas espiritualidades alienantes, o Papa Francisco clama por um cristianismo encarnado: "mais do que o ateísmo, hoje se coloca o desafio de responder adequadamente à sede de Deus de muita gente, para que não busquem apagá-la com pro-

[8] Cf. Dario Edoardo VIGANÒ, *op. cit.*, p. 11.

> postas alienantes ou em um Jesus Cristo sem carne e sem compromisso com o outro. Se não encontram na Igreja uma espiritualidade que os sane, liberte, encha-o de vida e de paz, ao mesmo tempo os convoque à comunhão solidária e à fecundidade missionária, acabarão enganados por propostas que não humanizam, nem dão glória a Deus[9].

Nessa desafiadora missão, Francisco contará com o apoio de toda a comunidade eclesial, que, entusiasmados pela aliança eterna pautada em Cristo, devem colocar-se como promotores de uma Igreja do encontro para a saída aos seus destinatários.

2.2. A alegria do evangelho para uma Igreja em saída

Inúmeros são os discursos do papa Francisco que enfatizam a dinâmica de uma Igreja em saída. Entre eles, o discurso "Despertem o mundo", exibido pelo Padre Antônio Spadaro, responsável pelas Comunicações Sociais na Santa Sé, sendo ele da mesma ordem de Francisco (Companhia de Jesus - Ordem dos Jesuítas), e que fora publicado pela revista *La Civiltà Cattolica.* Nesse discurso, o Papa enfatiza aos religiosos que se faz necessário transformar para melhor o agir da Igreja. Ele destaca a corresponsabilidade que possuem no campo da evangelização e da forma pela qual a Igreja precisa assumir para despertar o mundo em um todo, não se restrin-

---

[9] Agenor BRIGHENTI, *op. cit.*, *in* José Maria da SILVA (org), *Papa Francisco: perspectivas e expectativas de um pontificado*, 2014, p. 18.

gindo a localidades e não somente dentro do templo ou das próprias "sacristias", mas nas ruas, colocando-se permanentemente em saída[10].

Por meio de um encontro com a pessoa de Nosso Senhor Jesus Cristo, a perspectiva missionária de uma Igreja em saída torna-se uma convocação especial, que se faz necessária, para promover o diálogo, em uma forma de sair de realidades confortáveis que impedem a evangelização pela ausência de um anúncio eficaz[11].

Ao se encontrar e criar vínculo comunicativo[12] com alguém, essa realidade de saída torna-se concreta na vida humana, ao passo que a perspectiva de Igreja em saída se refere a uma realidade concreta, por meio de uma opção evangélica.

Em sua primeira exortação apostólica sobre a alegria do Evangelho, o papa Francisco enfatizou com veracidade seu formato de Igreja em saída, dinamismo no qual, após o encontro para com o Verbo encarnado no seio da humanidade, torna-se uma provocação especial para todo aquele que crê[13].

Ao se comunicar com a terra, encarnando-se no seio da humanidade e tornando-se humano, exceto no pecado, o próprio Deus se envolveu nessa dinâmica de saída. No mandato do "ide", faz o apelo e exorta a todos aqueles que se pre-

[10] Cf. Antonio SPADARO, *"Despertem o mundo": Íntegra do diálogo do Papa Francisco sobre a vida religiosa* (*online*), 2014, disponível em <http://www.ihu.unisinos.br/170-noticias/noticias-2014/526970-qdespertem-o-mundoq-integra-do-dialogo-do-papa-francisco-sobre-a-vida-religiosa>, acesso em: 17 de julho de 2019.
[11] Cf. Jorge BERGOGLIO; Abraham SKORKA, *Sobre o céu e a terra*, 2013, p. 17.
[12] Cf. Malena Segura CONTRERA, Vínculo comunicativo, *in* Ciro MARCONDES FILHO, Dicionário da comunicação, 2009, p. 458-459.
[13] Cf. EG 20.

dispõe a construir seu Reino, para que sejam audaciosos em promover todas as trevas da sociedade em luz, pela alegria doce e reconfortante do evangelho.

No encontro com o coração humano, fonte de vida, a própria força da alegria do evangelho gera esse dinamismo missionário, como a Sagrada Escritura descreve, perpassando pela antiga e nova aliança, com as histórias que demarcam a revelação de Deus para a humanidade.

O evangelho refere-se sempre ao êxodo, no qual a comunidade de fiéis recebe a missão de se encontrar constantemente em saída, para semear valores do eterno nos quatro cantos da terra. Sem estar na perspectiva de saída, torna-se impossível esse ardor apostólico e vigor missionário, do anúncio de Cristo para com a humanidade.

> A Igreja "em saída" é a comunidade de discípulos missionários que "primeireiam", que se envolvem, que acompanham, que frutificam e festejam. *Primeireiam* - desculpai o neologismo -, tomam a iniciativa! A comunidade missionária experimenta que o Senhor tomou a iniciativa, precedeu-a no amor (cf. 1Jo 4,10), e, por isso, ela sabe ir à frente, tomar a iniciativa sem medo, ir ao encontro, procurar os afastados e chegar às encruzilhadas dos caminhos para convidar os excluídos. Vive um desejo inexaurível de oferecer misericórdia, fruto de ter experimentado a misericórdia infinita do Pai e sua força difusiva. Ousemos um pouco mais no tomar a iniciativa! Como consequência, a Igreja sabe "envolver-se"[14].

[14] *Idem,* 24.

Nesse dinamismo, os comunicadores de uma Igreja em saída tornam-se anunciadores do "anúncio por excelência". Assumir o ideal de uma Igreja em saída, reforça-nos o *modus celebrandi*[15] da comunidade cristã. Não se vive a dinamicidade de uma Igreja em saída se não se faz insistentemente esse encontro revitalizador com o Senhor na eucaristia. No memorial da salvação, que é a ceia eucarística, a comunidade de fiéis encontra o sustento e o convite para a missão cotidiana que deve enfrentar. Somente o encontro com o Senhor permite acontecer o *locus revelatio*[16], no qual ele mesmo se manifesta e se dá a conhecer, sai ao encontro das pessoas humanas e atinge seus corações, pois atingindo seus corações, atinge suas vidas. Sendo atingidas, as pessoas também o revelam sempre mais, fazendo com que esse dinamismo se perpetue e esteja sempre indo ao encontro dos destinatários do Reino.

2.2.1. Igreja promotora da cultura do encontro

O cristianismo encontra na Igreja a imagem da comunicação perfeita entre Deus e sua humanidade criada ao encontrar-se com ela, para gerar vida plena em abundância, com a mais repleta dignidade. Para todo amante da comunicação, ou seja, aqueles que se dedicam aos meios de comunicação social como espaço privilegiado de evangelização para os dias atuais, deve-se encontrar na imagem da Igreja o reflexo de

[15] Modo celebrativo.
[16] Lugar de revelação.

uma perfeição que se comunicou a nós como forma de aperfeiçoamento para a construção do Reino.

Sabe-se que a aliança feita entre os povos, outrora perpetuada em Jesus Cristo, comunicou para a humanidade uma nova esperança a ser assumida como postura de vida. Essa forma de aliar-se ao ser humano mostrou que a comunicação de Deus não se trata de algo meramente ilustrativo ou de um mero "conto de fadas", mas de uma concretização perfeita que atingiu, atinge e continuará atingindo a vida de todos aqueles que se predispõe a viver segundo esses desígnios.

Essa envolvente dinâmica de concretização do Reino se dá na forma de vivenciar o "ser" Igreja de cada pessoa humana. Para ser Igreja torna-se necessário ser promotor de uma cultura que seja capaz de encontrar os corações feridos e curá-los, de encontrar os desencorajados e encorajá-los, de encontrar os caídos e levantá-los e sempre fazendo a dicotomia acontecer, para que tudo aquilo que seja princípio de dignidade humana seja assumido como verdade na vida de todos.

Dessa forma, o papa Francisco não encontrará barreiras para anunciar a Igreja como a imagem de um pastor que caminha sentindo o cheiro de suas ovelhas, para lhes demonstrar proximidade, ou seja, uma realidade de relações verdadeiras, onde a comunidade e suas dinamicidades não sejam meramente falácias utópicas, mas concretização de uma vontade soberana de verdade e de amor.

> Assim, esses dois modos, verdade e amor, constituem as duas modalidades da autocomunicação divina. Comunicação como verdade significa que tem lugar na história, comunicação como amor significa a abertura dessa história para o futuro absoluto. As duas dimensões estão intrinsecamente unidas, condicionam-se mutuamente, mas não se identificam: "A autocomunicação divina tem lugar na unidade e na diferenciação na história (da verdade) e no espírito (do amor)". [...] Esse duplo modo de autocomunicação para fora tem de convir a Deus em si mesmo, porque do contrário não teria se comunicado verdadeiramente[17].

Abrigando-se nas asas de uma Revelação, que se torna autocomunicação do soberano que se inclina para visitar-nos, o papa Francisco encontra na oportunidade do desvelamento de seu ministério a responsabilidade de comunicar uma nova forma de enxergar as estruturas eclesiásticas. Ele se vê empenhado em fazer brilhante uso dos meios de comunicação social, ao passo que a igreja nunca se colocou como opositora. Embora desde o Concílio Ecumênico Vaticano II a Igreja tenha demostrado grandiosa parcela de interesse no assunto, muitos de seus membros, em pleno século XXI, ainda encontram resistências quanto ao uso dos meios de comunicação social e, até mesmo, muitos não se encontram em uma boa opção de uso para com o *mass media*[18]. Esse tem sido outro desafio no pontificado de Francisco: promover de maneira sadia o uso dos meios de comunicação social, para

[17] Luis F. LADARIA, *O Deus vivo e verdadeiro: o mistério da Trindade*, 2013, p. 281.
[18] Meios de comunicação de massa.

que se promova a cultura do encontro visando uma Igreja sempre mais em chave de saída pastoral.

Em seu pontificado, Francisco reconhece a importância do encontro de Deus com sua própria humanidade criada, ao passo que ele se encarna para nos acompanhar, comunicando-nos seu filho para redimir o pecado da natureza humana, uma vez que "no princípio era aquele que é a Palavra. Ele estava com Deus e era Deus" (Jo 1,1).

Desde que assumiu o pontificado, Francisco se comunica de forma serviçal, adotando novas formas de viver o ministério na radicalidade da simplicidade evangélica, abstendo-se de certos privilégios, para focalizar melhor no ângulo da cruz de Cristo, que se deu pela causa dos mais necessitados.

Para as comunicações sociais, Francisco sempre destaca formas de se inserir nesse meio como campo de evangelização profícuo, sendo este um dos principais areópagos de evangelização.

Segundo dados estatísticos de pesquisas recentes, mais da metade da população global possui acesso à internet, a qual se compreende como um importante meio de comunicação social. Nos últimos anos, 4.021 bilhões de pessoas, de modo percentual, cerca de 53% do mundo todo, exerciam algum tipo de acesso à internet em seus afazeres corriqueiros[19]. Dessa porcentagem, uma estimativa de 42% de pessoas utilizam as plataformas de redes sociais para interagirem

[19] Cf. Douglas CIRIACO, *Mais de 4 bilhões de pessoas usam a internet ao redor do mundo* (*online*), 2018, disponível em <https://www.tecmundo.com.br/internet/126654-4-bilhoes-pessoas-usam-internet-no-mundo.htm>, acesso em: 7 de agosto de 2019.

na internet, contabilizando cerca de 3,2 bilhões de pessoas. Desses dados, de 208,5 milhões de brasileiros residentes no próprio país, o Brasil possui 116 milhões de pessoas conectadas à internet[20].

Em um cenário como este, no qual o número de internautas tem crescido, o papa Francisco se viu em uma posição de reconhecimento da importância dos meios de comunicação social para anunciar Jesus Cristo para as pessoas. Existem muito mais usuários de internet e de qualquer outro veículo de comunicação no mundo todo do que cristãos espalhados para anunciar Jesus Cristo.

A Conferência Nacional dos Bispos do Brasil se pautou em uma pesquisa para mostrar que 2,18 bilhões de pessoas no mundo todo dizem professar a fé cristã[21], isto é, uma realidade inferior aos números de usuários de internet, por exemplo, que somatizam mais de 4 bilhões pelo mundo todo, ao passo que se deve salientar que se refere apenas à internet, na ciência de que existem outros veículos de comunicação social na vida das pessoas acessados diariamente. Em um mundo em que a população global concentra-se em 7,7 bilhões de pessoas, sendo delas 4 bilhões de usuários de internet, considerarmos 2 bilhões de pessoas atingidas pela fé torna-se

---

[20] Cf. Helton Simões GOMES, *Brasil tem 116 milhões de pessoas conectadas à internet, diz IBGE* (*online*), 2018, disponível em <https://g1.globo.com/economia/tecnologia/noticia/brasil-tem-116-milhoes-de-pessoas-conectadas-a-internet-diz-ibge.ghtml>, acesso em: 07 de agosto de 2019.

[21] Cf. CNBB, *Cristãos no mundo: 2,18 bilhões de pessoas dizem professar a fé cristã segundo instituto* (*online*), 2017, disponível em <http://www.cnbb.org.br/cristaos-no-mundo-7-bilhoes-de-pessoa-dizem-professar-a-fe-crista-segundo-instituto-de-pesquisa-pew-research/>, acesso em: 7 de agosto de 2019.

necessário uma revisão na forma de comunicar o modo de anunciar Jesus Cristo a todos os povos, ao passo de que desses 2 bilhões de cristãos, nem todos professam somente o credo católico de rito romano. Entende-se que a preocupação do Papa está em resgatar o rebanho disperso, até mesmo para quem nunca ouviu sequer falar no nome de Jesus Cristo ou quem nunca partilhou com ele de uma experiência capaz de ser transformadora de vida. Trata-se de buscar condições de estar nesse espaço. Francisco traça para a Igreja a virtude da magnanimidade, para se inserir nesse espaço que para muitos aparenta ser restrito, mas que por meio de um horizonte alargado consegue-se perceber o alcance que esse meio permitirá para a evangelização nas pequenas realidades cotidianas e para a construção do Reino de Deus.

> Bergoglio recordará constantemente o lema inaciano, que pudera ler tanto em Fessard quanto em Fiorito. Como Papa dirá: "Impressionou-me sempre uma máxima com a qual é descrita a visão de Inácio: *Non coerceri máximo, contineri tamen a mínimo, divinum est*. Refleti muito sobre esta frase em relação ao governo, ao ser superior: não estar restrito pelo espaço maior, mas ter condições de estar no espaço mais restrito. Esta virtude do grande e do pequeno é a magnanimidade, que da posição em que estamos nos faz olhar sempre o horizonte. É fazer as pequenas coisas de cada dia com um coração grande e aberto para Deus e para os outros. É valorizar as coisas pequenas dentro de grandes horizontes, os do Reino de Deus"[22].

---

[22] Massimo BORGHESI, *Jorge Mario Bergoglio: uma biografia intelectual*, 2018, p. 37.

A intelectualidade de Francisco traduzida em uma linguagem pastoral que se aproxima das pessoas tem um caráter invejável. Diretamente, sua primeira mensagem para o 48º Dia Mundial das Comunicações Sociais abrangeu a temática da cultura do encontro. Nela, o Papa abordava os princípios essenciais para uma comunicação a serviço de uma autêntica cultura do encontro, que possibilite desbravar novos rostos da presença atuante de Cristo nos meios de comunicação social. Certamente, o papa Francisco reconhece que o número de pessoas conectadas aos meios de comunicação, sejam elas redes sociais proferidas pelo acesso à internet ou sejam elas de quaisquer outros meios, tornam-se números ferozmente maiores do que o número de pessoas que conhecem e seguem Jesus. A experiência de Francisco reforça a ideia de uma maneira nova de enxergar a construção do Reino de Deus, uma vez que se as pessoas humanas encontraram os meios de comunicação social e adotaram essa realidade para as suas vidas, da mesma forma o Papa deseja instaurar uma nova visão: permitir que os meios de comunicação social não sejam somente um encontro pautado na superficialidade, que não constrói nem edifica nada no ser humano, muito menos que não contribuem para nada na promoção da vida do próximo, mas para que seja um encontro gerador de vínculos interpessoais e promotores do bem comum.

> Então, como pode a comunicação estar ao serviço de uma autêntica cultura do encontro? E – para nós, discípulos do Senhor – que significa, segundo o Evangelho, encontrar uma pessoa? Como é possível, apesar de todas as nossas

> limitações e pecados, ser verdadeiramente próximo aos outros? Estas perguntas resumem-se naquela que, um dia, um escriba – isto é, um comunicador – pôs a Jesus: E quem é o meu próximo? (Lc 10,29). Esta pergunta ajuda-nos a compreender a comunicação em termos de proximidade. Poderíamos traduzi-la assim: Como se manifesta a proximidade no uso dos meios de comunicação e no novo ambiente criado pelas tecnologias digitais? Encontro resposta na parábola do bom samaritano, que é também uma parábola do comunicador. Na realidade, quem comunica faz-se próximo. E o bom samaritano não só se faz próximo, mas cuida do homem que encontra quase morto ao lado da estrada. Jesus inverte a perspectiva: não se trata de reconhecer o outro como um meu semelhante, mas da minha capacidade para me fazer semelhante ao outro. Por isso comunicar significa tomar consciência de que somos humanos, filhos de Deus. Apraz-me definir este poder da comunicação como proximidade[23].

Francisco tem uma visão que supera qualquer limite ou barreira de uma Igreja que se pauta somente *ad intra*, mas deseja que o Concílio Ecumênico Vaticano II seja encarnado em seu pontificado, ao passo que sua intelectualidade se expande para todas as fronteiras, em uma forma de proximidade das pessoas. A comunicação, para ele, requer proximidade. Não se trata de uma proximidade meramente enganosa, na qual somente fico ao lado daquele que convive comigo, mas não me adentro em seu eu mais profundo com gestos fraternos de solidariedade. As relações para Francisco

---

[23] FRANCISCO, *Mensagem do Santo Padre Francisco para o XLVIII Dia Mundial Das Comunicações Sociais* (*online*), 2014, disponível em <http://w2.vatican.va/content/francesco/pt/messages/communications/documents/papa-francesco_20140124_messaggio-comunicazioni-sociali.html>, acesso em: 9 de agosto de 2019.

devem comunicar a alegria do encontro com o ressuscitado. A cultura do encontro deve gerar nos cristãos o desejo de sempre cultivar a vontade de diariamente encontrar-se com o Senhor, para que por meio de um encontro verdadeiro todos os outros encontros também sejam pautados nele.

2.2.2. A ascensão para uma Igreja em saída

Nos tempos atuais, para os ultraconservadores, o pontificado de Francisco tornou-se um desconforto, pois comumente se vê que sua linha de pensamento não se "estaciona" na sacristia. Passar pela sacristia torna-se extremamente necessário, para se obter o zelo responsável pela casa do Senhor e pelas celebrações de louvores a Ele. Porém o papa Francisco convoca a Igreja para fazer com que todo esse desejo de amor pela sacristia também seja o mesmo desejo de amor pelas ruas e periferias. Na sacristia encontramos pessoas que já são iguais a nós, já conhecem Jesus e vivem em nosso meio. Nas ruas, encontraremos diversos tipos de pessoas que urgem mais ouvir falar de Jesus e que passam por maiores necessidades do que nós, na maioria das vezes. Deve-se ter uma continuidade do altar contemplativo para a vida ativa. Corriqueiramente se escuta dizer que o papa Francisco prefere uma igreja que seja suja com as poeiras e lamaçais da rua por ter tido uma forma de evangelizar os mais pequeninos a uma igreja limpa e impecável, mas que não atingiu ninguém, parada em torno de si mesma. Faz-se preciso ascender para uma Igreja em saída.

Ascender para uma Igreja em saída revitaliza o comportamento pastoral, ao passo que não se pode esperar que as pessoas irão até a Igreja, a partir de um momento conflituoso que elas estejam enfrentando, mas para cumprir a missão de Jesus, de ir ao encontro das pessoas que estão feridas e necessitam da ajuda da comunidade de fiéis. Para que as pessoas se sintam abraçadas pela força transformadora de Deus, torna-se necessário comunicá-lo da melhor forma possível.

> Saiamos, saímos para oferecer a todos a vida de Jesus Cristo! Repito aqui, para toda a Igreja, aquilo que muitas vezes disse aos sacerdotes e aos leigos de Buenos Aires: prefiro uma Igreja acidentada, ferida e enlameada por ter saído pelas estradas, a uma Igreja enferma pelo fechamento e a comodidade de se agarras às próprias seguranças. Não quero uma Igreja preocupada com ser o centro, e que acaba presa a um emaranhado de obsessões e procedimentos. Se alguma coisa nos deve santamente inquietar e preocupar nossa consciência é que haja tantos irmãos nossos que vivem sem a força, a luz e a consolação da amizade com Jesus Cristo, sem uma comunidade de fé que os acolha, sem um horizonte de sentido e de vida. Mais do que o temor de falhar, espero que nos mova o medo de nos encerrarmos nas estruturas que nos dão uma falsa proteção, nas normas que nos transformam em juízes implacáveis, nos hábitos em que nos sentimos tranquilos, enquanto lá fora há uma multidão faminta e Jesus repete-nos sem cessar: "Dai-lhes vós mesmos de comer" (Mc 6,37)[24].

Na perspectiva da Igreja em saída, outrora apresentada pelo papa Francisco, a desigualdade será cada vez minimi-

[24] EG 49.

zada. Torna-se missionário aquele que sai ao encontro dos mais necessitados e torna-se precursor de um novo tempo, aquele que adere à comunicação recebida.

Em sua exortação primeira para a Igreja, Francisco apresenta inúmeras formas de viver a alegria do evangelho para uma Igreja em saída, ao passo que faz uma releitura do Documento de Aparecida, da 5ª Conferência Episcopal Latino-Americana e do Caribe, na qual o cardeal Bergoglio fora escolhido para ser o responsável para a redação do documento final, no ano de 2007.

No Documento de Aparecida, cunhou-se de forma ímpar a forma de fazer da Igreja um campo especial para a promoção de discípulos missionários de um novo tempo. Colocar-se como discípulo e missionário da boa notícia do Reino de Deus faz referência a uma Igreja em saída. Não se encontra de forma explícita no Documento de Aparecida o termo "Igreja em saída". Mas se aponta para a leveza em novas formas de olhar e abranger a realidade; da forma convincente e alegre de ser um discípulo missionário para comunicar o evangelho do Reino; da comunhão e vocação dos discípulos que se constrói em um caminho a ser trilhado para que sejam sempre mais preenchidos daquilo que professam; da promoção da pessoa humana em sua dignidade, valorizando e resgatando o valor das famílias humanas etc. Desse modo, Francisco, levemente na responsabilidade do documento, já indica o desejo dos bispos de fazer com que a Igreja seja uma Igreja em saída.

> A intuição de que o cristianismo podia tornar a acontecer no mundo contemporâneo graças a um "encontro", a um tes-

> temunho evangélico análogo ao dos cristãos dos primeiros séculos, será posta a frutificar pelo Cardeal Bergoglio, delegado nisso pela grande maioria dos bispos para a redação do documento final da V Conferência do Celam, realizada em Aparecida [...] Alguns cardeais colaboraram de perto com Bergoglio nessa obra, como o Cardeal Oscar Rodriguéz Maradiaga e o Cardeal Cláudio Hummes [...] Em todo o continente, o Celam foi a primeira estrutura "colegial" da Igreja moderna que permitiu que o catolicismo latino-americano expressasse as próprias políticas pastorais[25].

Na promoção de uma Igreja em saída está o desejo de tornar Jesus Cristo sempre mais comunicado perante todos os povos. Essa preocupação, outrora de conhecimento unânime, não se trata de nenhuma novidade histórica apontada no pontificado de Francisco. A novidade que ele traz consigo está na forma de conceber a realidade de se tornar uma Igreja em saída à luz da fé, orientando-se sempre pelos documentos eclesiásticos. Esses documentos são fundamentados na maior comunicação escrita para nós: a Sagrada Escritura, que manifesta, também, a saída de Deus para o encontro da humanidade, por meio de sua mensagem.

2.2.3. A revelação divina como sinal de comunicação de encontro e saída na *Dei Verbum*

A Constituição Dogmática *Dei Verbum* compreende as formas necessárias de se vislumbrar a maneira pela qual Deus usou para se conectar com o mundo. Como já abor-

[25] Massimo BORGHESI, *op. cit.*, p. 269.

dado no capítulo anterior acerca da Revelação Divina, faz-se necessário mencionar o impacto da compreensão Revelação no agir pastoral de Francisco. Na teologia de "encontro" e "saída" abordada por Francisco, concebe-se que toda a revelação humana deve se premeditar na Revelação de Deus. Francisco, ao transmitir esses termos para a Igreja, realça a importância da *Dei Verbum* para a compreensão acerca da Revelação Divina. Deus mesmo desejou ser a comunicação por excelência, na perfeição com sua criação. Ele mesmo almejou ser a comunicação em perfeição por sua possibilidade de revelar-nos, por intermédio de seu filho que consiste na salvação por meio de seus sinais, sendo eles visíveis e sensíveis pela Igreja. Pelos ministros da Igreja, são administrados os sacramentos, por exemplo, e até mesmo, em sua própria estrutura, compreendemos sempre o encontro com o transcendente e a saída para o imanente.

> Deus dispôs amorosamente que permanecesse íntegro e fosse transmitido a todas as gerações tudo quanto tinha revelado para a salvação de todos os povos. Por isso, Cristo Senhor, em quem se consuma toda a Revelação do Deus Altíssimo (cf. 2Cor 1,20; 3,16; 4,6), mandou aos apóstolos que o Evangelho, objeto da promessa outrora feita pelos profetas que ele veio cumprir e que promulgou pessoalmente, eles o pregassem a todos, como fonte de toda a verdade salutar e de toda a regra moral, e assim lhes comunicassem os dons divinos. Este mandato foi cumprido com fidelidade, quer pelos apóstolos, que em sua pregação oral, com os exemplos da vida e com as instituições, por ele criadas, transmitiram aquilo que ou tinham recebido dos lábios, do trato e das obras de Cristo, ou tinham aprendido por inspiração do Espírito Santo, quer

> ainda por aqueles apóstolos e varões apostólicos que, sob a inspiração do mesmo Espírito Santo, escreveram a mensagem da salvação[26].

Não se conhece o que não se torna comunicado livremente para a adesão de todos, ao passo que o próprio Deus se aproxima de nós em sua encarnação, para nos comunicar o anúncio que salva as nossas ações humanas. Olhar para a revelação divina requer autenticidade para perceber que Deus se importa com a realidade humana e quer se fazer presente no meio dela de um jeito acolhedor, simples, próximo, em outras palavras, do dia a dia. Essa é a máxima da teologia de Francisco, na certeza de que em suas catequeses, em seus discursos, documentos e apontamentos, ele evidencia essa teologia da proximidade de Deus em nossas relações. Quando um Papa se demonstra preocupado com a distância que anda uma pessoa humana de Deus, significa que, em uma leitura crítica, toda a Igreja precisa se despojar para acompanhar esse sinal evangélico de *aggiornamento* para a sociedade.

Em sua simplicidade, Francisco não diminui a teologia da vida das pessoas. Pelo contrário, Francisco inaugura uma forma em que todas as pessoas "façam" teologia com a própria vida também, não se esquecendo dos livros e das estantes bibliotecárias, mas conhecendo de Deus, aprendendo de Deus, olhando para a Igreja de uma nova maneira, maneira geradora de transformação de vida. Essa comunicação dele é perfeita, porém a recepção humana é imperfeita, aperfei-

---

[26] DV 7.

çoando-se a cada dia. Esse é o maior "segredo" da teologia em Francisco. Deus se comunica conosco de maneira perfeita. Aperfeiçoar-nos para nos comunicarmos com Ele é nossa tarefa, com o dom que recebemos: a própria vida.

A Revelação Divina tem como pressuposto a encarnação do próprio Deus, que se comunica e que se coloca em saída para a dinâmica da humanidade. Trata-se de um Deus que sai ao encontro do ser humano em suas necessidades.

> Seja a atitude de vocês a mesma de Cristo Jesus, que, embora sendo Deus, não considerou que o ser igual a Deus era algo a que devia apegar-se; mas esvaziou-se a si mesmo, vindo a ser servo, tornando-se semelhante aos homens. E, sendo encontrado em forma humana, humilhou-se a si mesmo e foi obediente até a morte, e morte de cruz! Por isso Deus o exaltou à mais alta posição e lhe deu o nome que está acima de todo nome, para que ao nome de Jesus se dobre todo joelho, nos céus, na terra e debaixo da terra, e toda língua confesse que Jesus Cristo é o Senhor, para a glória de Deus Pai (Fl 2,5-11).

Se o próprio Deus se revela a nós em sua máxima grandeza, como nós não nos revelamos em nossa pequenez aos que mais necessitam? A Igreja, por meio da *Dei Verbum*, assimila essa revelação como dado histórico e que se dá cotidianamente. Por meio desses dois pilares apontados pelo documento conciliar (Sagrada Tradição e Sagrada Escritura), a comunicação revelada pode ser compreendida pelos dois pilares ("Cultura do Encontro" e "Igreja em saída") abordados por Francisco. A categoria de "encontro", manifestada na Sagrada Escritura, e a categoria de "saída", manifestada na Sagrada Tradição. Essa comunicação revelada pela *Dei Verbum* dialóga com a teologia expressa por Francisco. Ambos se referem à forma como Deus escolhe suas maneiras para se encontrar com o ser humano e comunicá-lo à salvação que tanto almeja.

2.3. A comunicação pastoral: revelar-se no campo midiático?

Pela força de sua atuação discipular missionária, a Igreja se reconhece como aquela que tem o dever de fazer as vezes de Cristo na humanidade, ao passo que por meio do serviço pastoral ela encontra uma forma especial de comunicar o evangelho aos mais necessitados. Esse evangelho, que se revela para todos, deve ser penetrado em todas as pastorais, todos os ministérios e movimentos da comunidade cristã, sabendo que, ao comunicar esses valores, comunicará sempre mais a força da vontade de Deus para sua humanidade.

O serviço pastoral não encontra sentido se não agir como agiu Cristo em suas atividades, sempre apontando para o caminho do Reino. Quando se fala em uma comunicação pastoral, não se fala somente em uma pastoral que fotografe todas as ações e todos os eventos da comunidade ou que publique em uma determinada rede social a agenda do pároco, mas em uma pastoral que saiba promover o diálogo entre todas as demais pastorais e que seja um canal entre as atividades da comunidade e o povo. Falar de comunicação pastoral significa analisar a forma pela qual as pastorais da comunidade estão se relacionando, dialogando entre si, dentro, até mesmo, dos determinados grupos a que pertencem na própria comunidade. Dessa forma, pode-se também abordar a pastoral da comunicação, que faz uso de multimídias e de recursos do *mass media*.

Essa análise requer evidenciar que a comunicação pastoral não se compreende somente por meio da Pastoral da Comunicação, mas todas as pastorais e as formas pelas quais essas comunicam Jesus Cristo. Já em um campo privilegiado, a pastoral da comunicação faz uso dos meios de comunicação social e encontra no coração do pontificado de Francisco um carinho especial.

> A expressão "Pastoral da Comunicação" nasce da conjunção de duas realidades que interagem reciprocamente: comunicação e pastoral. A palavra "pastoral" tem sua raiz no verbo "apascentar", "pastorear" e no termo "pastor". No Antigo Testamento, essas palavras são carregadas de significados. A característica do pastor na literatura bíblica é aquela de "guiar", "conduzir". No Evangelho de São João, Jesus se apresenta como o Bom Pastor que cuida das ovelhas, chama-as pelo nome, as conduz, caminha à frente delas e dá a vida por elas. Jesus é referência e paradigma de toda ação pastoral da Igreja. A pastoral é aquela que conduz, provê, liberta, reúne, salva, anima, e coloca-se a serviço da comunidade e de todas as pessoas. As ações comunicativas da Pastoral da comunicação ganham sentido na medida em que colaboram com a ação evangelizadora da Igreja, pois a evangelização, anúncio do Reino, é comunicação. Contudo, não se pode reduzir essa pastoral aos meios de comunicação, pois ela é um elemento articulador da vida e das relações comunitárias[27].

[27] PASCOM DO BRASIL, *Quem somos* (*online*), disponível em < http://pascombrasil.com.br/quem-somos/>, acesso em: 7 de agosto de 2019.

A comunicação pastoral também abarca a revelação nos campos midiáticos, uma vez que esta deve fornecer para a comunidade uma profunda relação da Igreja com os meios de comunicação, sempre auxiliando o fiel a ter um encontro melhor com Deus na vida da comunidade. Desse anseio brota a Pastoral da Comunicação na Igreja, para se ocupar de revelar Deus, ou seja, de anunciar a Boa-Nova nos espaços promovidos pelos meios de comunicação social, isto é, os areópagos do novo tempo.

Portanto Francisco incentiva a participação dos fiéis por meio comunicação inovadora no agir pastoral que acarrete relações interpessoais na evangelização. Desse modo, ele privilegia a Pastoral da Comunicação, que se trata de ser a pastoral da Revelação, que, fazendo uso do *mass media*, anuncia Cristo por meio das atividades pastorais da Igreja. Francisco atualiza todo o seu direcionamento pastoral com o que a Igreja já tem apresentado por meio de documentos anteriores e que encontram, em seu pontificado, reforço concreto daquilo que já fora dito. A Revelação Divina acontece e se dá à humanidade. Francisco tem sua leitura acerca desse evento importante e traça um perfil pastoral para a Igreja. O próximo capítulo abordará essa linguagem no encontro e na saída, para os sujeitos eclesiais.

III

A REVELAÇÃO NO PONTIFICADO DE FRANCISCO: ENCONTRO E SAÍDA NOS MEIOS DE COMUNICAÇÃO SOCIAL

O capítulo antecedente conclui afirmando sobre a participação humana no campo midiático. O ser humano também se revela nos Meios de Comunicação Social. Essa revelação será analisada neste capítulo. Ela jamais deverá ocupar a centralidade de Cristo na evangelização. Esse capítulo se ocupará do comportamento da comunidade cristã formada por pessoas que assumem a identidade de promoverem a fé pelos meios de comunicação social. Na primeira seção, apresentaremos a importância desses novos espaços de evangelização para a transmissão da fé na verdade[1].

Na segunda seção, destacar-se-á a missão evangélica de promover a Boa-Nova, que se torna missão de qualquer batizado, principalmente, aquele que se torna consciente desse

[1] Cf. Helton ADVERSE, Parresia e isegoria: origens políticos-filosóficas, *in* Venício A. de LIMA; Juarez GUIMARÃES (orgs.), *Liberdade de expressão: as várias faces de um desafio*, 2013, p. 23.

ato de fé. Na terceira seção abordaremos que recusando-se à proposta das *Fake News* não se tornará mais comum a presença de notícias e propagações falsas, que não conduzem as pessoas ao reto caminho. Tornou-se também dever cristão iluminar essas pessoas na compreensão da verdade. Na quarta e quinta seção, abordaremos a importância da "reconstrução" da Igreja por meio de uma evangelização coerente no uso dos Meios de Comunicação Social. Ao afirmar que a Igreja deve se atualizar do *like* para o amém, como aponta-nos o papa Francisco, ele reconhece que a missão do evangelizador desse tempo deve ser assumida e compreendida na vida[2].

Na sexta seção, elencaremos a forma de compreender e anunciar Deus na cultura midiática, ou seja, a Ciberteologia. A última seção será concluída com a projeção do "encontrar-se" e "sair-se", que poderão ser dinâmicas incompreensíveis se não forem assumidas na verdade.

Portanto este capítulo reforça que a evangelização pelos dos meios de comunicação social não veio de uma outra realidade interplanetária, mas veio para ser suporte na nova forma de evangelizar, onde os braços, as pernas, os olhos e/ou nossos membros não alcançam, mas o meio de comunicação social alcança pelo mundo virtual[3].

---

[2] Cf. Alexandre BARBALHO, Cidadania, minorias e mídia: ou algumas questões postas ao liberalismo, *in* Raquel PAIVA; Alexandre BARBALHO (orgs.), *Comunicação e cultura das minorias*, 2005, p. 27.

[3] Etimologia: Do latim *virtualis*, potencial, possível, simulação eletrônica. Aquilo que existe como faculdade. [...] Aquilo que está predeterminado e contém todas as condições essenciais à sua realização. Cf. Marco Toledo de Assis BARROS, Virtual, *in* Ciro MARCONDES FILHO, *Dicionário da comunicação*, 2009, p. 461.

3.1. O anúncio eficaz da evangelização nos Areópagos Modernos

Torna-se comum o modo apresentado na Sagrada Escritura, pelo qual, se não houver um detalhado anúncio da pessoa de Jesus Cristo, não há forma de conhecer as virtudes do Reino. A Igreja é a portadora e discípula missionária desse anúncio, que se faz vida para todos os povos[4]. A própria forma da Igreja se relacionar com os povos torna-se comunicação de Deus para a sociedade, ao passo que essa comunicação apresenta algo de bom para a pessoa que necessita.

Independentemente de qual forma seja, a Igreja precisa se inserir de maneira integral na vida da pessoa humana, ao passo que, em novos tempos, surgem novas oportunidades e formas dela se inserir, porque as pessoas, assim como a sociedade, caminham constantemente em processo de transformação e mudança.

Nestes novos tempos, a internet, por exemplo, alcança espaço criterioso em meio aos outros espaços para o anúncio do evangelho. Hoje, na internet, um vasto meio de comunicação social, a pessoa humana também pode interagir com a novidade do Reino em tempo real, cultivando por meio de arquivos, mensagens ou catequeses via *tablets, smartphones* etc. o relacionamento com o divino. Também podem noticiar eventos por meio de *websites*, informar-se por meio de revistas eletrônicas católicas, criar amizades virtuais no mes-

[4] Cf. DA, p. 29.

mo campo religioso para a propagação de ideias na evangelização, fortalecer o vínculo de uniões interpessoais e muito mais[5].

Justamente por ser um instrumento eficaz, deve ser fidedigno ao que se está anunciando, principalmente no campo religioso, onde o anúncio da verdade se fundamenta na própria verdade, que é Jesus Cristo. Nesse campo, a Igreja é convidada a ecoar a mensagem do Reino no universo midiático.

> O universo da mídia constitui o "primeiro areópago do tempo moderno [...], que está unificando a humanidade, tornando-a, como se costuma dizer, uma aldeia global". A inovação tecnológica, origem de profundas transformações sociais, está determinando uma nova visão do homem e da cultura, de tal maneira que "não é exagerado insistir sobre o impacto dos meios de comunicação social no mundo de hoje. O advento da sociedade de informação é uma verdadeira e singular revolução cultural". Diante destas novas circunstâncias e condições culturais, é missão da Igreja conhecer e valorizar a nova realidade e posicionar-se frente a ela, na elaboração de seus planos pastorais. A Igreja é chamada a anunciar a mensagem de salvação a esta sociedade[6].

Parte-se da visão de que a Igreja não reconhece os meios de comunicação social como simples espaço de lazer e entretenimento[7], mas como o meio atual de relevância mundial para o anúncio dos valores implantados pelo Reino de Deus. O Reino de Deus urge ser anunciado para todas as pessoas. Ob-

[5] Cf. PONTIFÍCIO CONSELHO PARA AS COMUNICAÇÕES SOCIAIS, *Ética na internet*, 2002, p. 13.
[6] CNBB Est. 101, p. 20.
[7] Cf. Cirlene Cristina SOUSA; Denise Figueiredo Barros do PRADO, Mídia, família e juventude: análise das cartas papais para o Dia Mundial das Comunicações, *in TQ* 14 (2008), p. 49.

viamente, qualquer pessoa ou grupo que faça uso dos meios de comunicação social hoje deseja propagar alguma coisa, seja para o positivo ou para o negativo. Não se faz uso dos meios de comunicação social para estar sozinho. Nem mesmo um "robô virtual" ou uma "comunidade de máquinas", que criam perfis *fakes*, isto é, falsos, para espionar a identidade alheia, encontram-se sozinhos nos meios de comunicação social. Os meios de comunicação social exigem um parâmetro minimamente relacional, no qual se afirma que a identidade se dá na relação e na forma com que se percebe que não nos encontramos sozinhos, pois tudo carece de que o próximo também se junte a nós para que progridamos juntos.

Nesta visão, a Igreja se assemelha aos meios de comunicação social, ao passo que edifica o comportamento humano para atos que priorizem o bem comum. Desse modo, fazer dos meios de comunicação social um importante aliado na Igreja, para que a mensagem de Deus se propague, tornou-se uma grande possibilidade de anunciar seu Reino de paz e de amor.

Ao mesmo tempo em que a Igreja acolhe com manifestação de êxito o progresso da evangelização nos meios de comunicação social, ela também deseja que os fiéis se dispersem do mau uso desse meio, uma vez que isso pode afetar drasticamente a dignidade da pessoa humana[8].

[8] Cf. *Ibidem*.

3.2. O cristão e sua posição nos Meios de Comunicação Social

O cristão deve se colocar na escola de Jesus e aprender de seus princípios e valores norteadores para a construção de um Reino novo de paz e de amor. Nos meios de comunicação social, o cristão deve exercer sempre a mesma postura. Grande dificuldade se dá quando as pessoas desaproximam o virtual do real. Essa ruptura acontece principalmente nas redes sociais. O cristão precisa se pautar mediante valores em coerência com as virtudes evangélicas. O virtual deve ser sempre um espelho do real. O mundo virtual não é o "mundo das ideias" do filósofo Platão. O mundo virtual deve ser o espaço promotor de expressão daquilo que é verdadeiro, da continuidade de maneira virtual, daquilo que a própria vida real certamente expressa. Se não for desse jeito, acontece na vida da pessoa, ou de seu grupo, uma ausência de retidão de intenção.

Fazer com que o comportamento seja um atrativo para a evangelização é extremante tradicional e evangélico. Muitos santos da Igreja já falaram sobre o comportamento cristão ser atração para que outras pessoas conheçam melhor a importância de Jesus Cristo e os planos de Deus para a sociedade. A posição, ou seja, a postura assumida pelo cristão nos meios de comunicação social deve ser uma postura de atração para a mensagem de salvação do Reino.

> Apesar de não haver diferença entre o real e o virtual, podemos apontar uma diferença importante que devemos levar em conta ao optar entre dar atenção a uma pessoa fisicamente presente e outra a quem nos ligamos pelas redes sociais. A diferença é de tempo [...] a pessoa que está diante de nós tem sempre a primazia. Isso acontece porque as redes sociais nos dão a possibilidade de dar uma atenção agendada às pessoas [...] Atenção: apontamos que há uma diferença entre o real e o virtual, e essa diferença é de tempo. Apesar disso, no entanto, tem de ficar claro que essa diferença não gera uma divisão entre essas duas realidades. Em outras palavras, não há um mundo virtual e um mundo real, mas um mesmo mundo em que o homem está de modos (e em momentos) diferentes. Esse tema é importante porque nos leva aos distúrbios comportamentais da era das redes sociais[9].

Ser sadio no comportamento virtual[10] indica a maneira pela qual a Igreja tem se preocupado nos últimos tempos. Ela tem se motivado a buscar soluções para empenhar um caminho em direção ao Pai, que seja autêntico na forma de acolher o Reino de Deus e sua construção também pelos meios de comunicação social, promovendo uma profunda transformação pastoral. Desse modo, ela caminha iluminando o povo, por uma vasta eclesiologia dinâmica para a salvação. O cristão é chamado a ser autêntico, diferentemente do semeador e propagador das *fake news* ou *fake pope*, que se referem a notícias falsas.

---

[9] Vinícius FARIAS, *Conectados para o encontro: 10 passos para evangelizar nas redes sociais*, 2015, p. 74.

[10] Cf. José Marques de MELO, *Comunicação eclesial: utopia e realidade*, 2005, p. 26.

3.2.1. Igreja e Pandemia: a "fé *on-line*"

A humanidade toda atravessa um tempo conturbador e vivencia os impactos da reconstrução social vitimada por um vírus denominado COVID-19. Esse vírus fez com que nos silenciássemos de nossas rotinas por um tempo e que descobríssemos uma nova forma de viver. Enquanto portas de empreendimentos se fecharam, as portas da Igreja permaneceram abertas, de maneira diferente e criativa: pelos Meios de Comunicação Social.

A Igreja, que sempre se fez incentivadora dessa ferramenta, contou com a criatividade de seus membros, em todas as suas hierarquias. Do leigo ao Papa, todos se encontraram no uso das mídias digitais. Esse importante movimento fez com que, ao se evitar aglomerações físicas para a não disseminação do vírus, a Igreja continuasse reunindo fiéis espalhados pelo mundo inteiro. Nenhuma porta de Igreja se fechou, ao menos virtualmente. Cada criatividade nesse espaço favoreceu que as pessoas se fortalecessem na fé e, ao mesmo tempo, não perdessem sua esperança.

Para a menor propagação do vírus, a Organização Mundial da Saúde orientou todos os povos e nações a se resguardarem em quarentena. Durante a quarentena, o papa Francisco aproveitou acirradamente para manter contato com a Igreja por meio das mídias digitais[11].

[11] MENICHETTI, Massimiliano. O povo de Deus com seu Pastor Francisco. Disponível em <https://www.vaticannews.va/pt/vaticano/news/2020-05/missas-santa-marta-papa-francisco-conclusao.html>

Além de inúmeras atividades espirituais na quarentena, realizadas em seu pontificado, diariamente ele presidia a Santa Missa na Capela Santa Marta, deixando mensagens reconfortantes de esperança e fé. Os fiéis puderam comungar espiritualmente e não enfrentarem tamanhos momentos difíceis sozinhos.

Como tudo tem seu lado positivo e negativo, a Igreja vislumbrou ressignificar a pandemia e tornar uma quarentena que não distanciasse o povo de Deus. As pessoas, que se encontravam nesse areópago moderno, poderiam vivenciar a espiritualidade e nutrirem sua fé, simplesmente ao clicarem o botão *on-line* de seus aparelhos tecnológicos e se sintonizarem na comunidade cristã. A "fé *on-line*" tornou-se a nova forma da Igreja se fazer presente nas Igrejas domésticas, ou seja, em seus próprios lares. A "fé *on-line*" tornou-se sinônimo da Igreja presente no lar.

Se as pessoas estavam desejosas de Deus, da busca por Deus e da companhia da Igreja, elas se dispunham a estar *on-line*, para navegar na sintonia do Reino.

Pensar a "fé *on-line*" não se trata de analisá-la como um produto a ser oferecido pela internet, ou por minimizá-la a qualquer meio de comunicação social, mas de projetá-la ao tempo forte em que toda a humanidade se viu na necessidade de criar caminhos e condições para que a ação pastoral da Igreja não deixasse de ser criativa e conduzida pelo Espírito Santo, que é dinâmico. Nenhum fiel possui a fé pelos meios de comunicação social, mas todo fiel pode encontrar nesse meio um espaço privilegiado para alimentar sua fé e sua espiritualidade. Os meios de comunicação social tornaram-se um canal atual da comunicação divina. Deus se comunica pelas mídias digitais por meio da presença da Igreja.

Com olhar positivo muitos líderes religiosos, que possuíam rejeição à comunicação virtual, aderiram ao meio para fazerem com que os fiéis tivessem sua experiência do sagrado.

Desse modo, em sua primeira Exortação Apostólica *Evangelii Gaudium*, o papa Francisco já demarcava a importância de um novo ardor pastoral na Igreja, que atingisse suficientemente as reinvindicações próprias de nosso tempo. A tecnologia e as redes sociais tornaram-se parceiras nessa missão[12].

3.2.2. *Fake Pope*: desencontro e "prisão"

Nos últimos anos, uma das pessoas mais atingidas como vítima dessas falsas notícias destruidoras tem sido o papa Francisco. As falsas notícias sobre o Papa Francisco se propagaram de forma alucinadora, fazendo com que seja distorcida a imagem do líder religioso da maior expressão do cristianismo. Por meio dessas *fake news*[13] acontece a manipulação dos interesses, de acordo com o próprio benefício do semeador dessas mentiras. Essa atitude é totalmente inequívoca e ameaçadora para os valores do Papa, da Igreja e da sociedade.

---

[12] KALIL, Marcos. "Teletransmissão dos Sacramentos": desafio da vida paroquial durante a pandemia. Disponível em <https://www.vaticannews.va/pt/mundo/news/2020-07/coronavirus-artigo-desafio-paroquias-teletransmissao-sacramentos.html>

[13] Falsas notícias.

Muitas são as pessoas vítimas das denominadas *fake news*, que viralizam nos meios de comunicação social, principalmente nas redes sociais, de maneira avassaladora. Na maioria das vezes, essas mentiras difundidas alcançam mais êxito do que uma notícia de autenticidade, pautada na verdade.

Ao contrário daquilo que a Igreja propõe e que o papa Francisco tanto apresenta em seus discursos, o fenômeno *fake pope*, ou seja, de falsas notícias sobre o papa Francisco, promove a "cultura do desencontro" e uma aldeia de "prisão", aprisionamento. Jamais uma notícia falsa estará promovendo alguma coisa para o crescimento da sociedade, pois se trata de uma mentira, principalmente quando se trata de uma mentira para minimizar a imagem de uma outra pessoa humana ou para propagar nos lábios dela aquilo que ela mesmo não falou. Se a verdade gera encontro para a saída ao anúncio, a mentira gera desencontro para o aprisionamento.

> A novidade metodológica do Papa Francisco em relação às *fake news* (e, portanto, à ideia de verdade) consiste em contrastá-las não mediante a imposição reiterada de uma certeza absoluta, imutável, tão crível que não há necessidade de demonstrá-la, como frequentemente acontece com as verdades de fé. Mas em exigir dos homens – começando pelos religiosos – uma educação séria e permanente à averiguação do próprio credo, incluído o credo cristão. Nesse sentido, pensamos que possam adquirir significado profundo também certas expressões "relativistas" de Bergoglio, como o célebre "quem sou eu para julgar", mas também "não ouso dizer-vos além disso", "este é apenas o meu pensamento pessoal" etc.; modos de dizer (e também sugestões pastorais) que suscitaram reações encolerizadas por parte de quem está acostuma-

do a considerar *ex cathedra* qualquer pronunciamento hierárquico, ainda mais se for papal[14].

A forma de se comunicar em seu pontificado faz com que Francisco seja um grande alvo de notícias falsas, não porque sua vida caminhe para isso, pelo contrário, mas para a novidade que ele apresenta. O papa Francisco se apresenta como uma pessoa livre de burocracias para transmitir ideias e pensamentos, principalmente nessa era em que as redes sociais se tornam meios de instantânea divulgação de mensagens. Muitos internautas, propagadores de notícias falsas sobre o Papa, aproveitam-se dessa situação para tirarem benefícios para si próprios. Eles encontram na semelhança à linha de pensamento de Francisco uma forma de promover distorções a respeito da doutrina para avantajar-se a si próprios.

3.2.3 Reconstruir a Igreja: do *like* ao amém

Ao escolher esse nome para seu pontificado, Francisco também encarna os ideais que estão por trás desse grande santo da Igreja, dentre eles, a missão do "ide e reconstrua a minha Igreja". Esse "ir" manifesta saída e esse "reconstrua" manifesta encontro.

Nos meios de comunicação, a Igreja também reconhece uma forma de reconstruir a Igreja e transformar a realidade em uma verdadeira conversão pastoral. Não se trata de uma

[14] Cf. Nello SCAVO, *Fake Pope: as falsas notícias sobre o papa Francisco*, 2018, p. 9.

utopia, mas de uma realidade, que, se for assumida com autenticidade, torna-se verdade no meio da sociedade.

Em todos os seus discursos, Francisco expõe que se deve conhecer com veracidade aquilo que se ama[15] e acreditar, à luz da fé, que novos horizontes sejam comunicados para muitos que aguardam ansiosamente por uma transformação em suas vidas. Essa realidade se torna bem visível em suas mensagens para o Dia Mundial das Comunicações, destacando-se a última mensagem publicada, na parte final, na qual o Papa aborda a importância da passagem do *like*[16] para o amém.

Segundo Francisco, passar do *like* para o amém refere-se ao passar dos gostos particulares e centralizadores para o amor universal, o ágape, que nada espera em troca de alguma coisa. Refere-se também a uma nova forma de compreender o evangelho, não se pautando somente nas leis, mas na acolhida que transforma vidas.

> A imagem do corpo e dos membros recorda-nos que o uso da social web é complementar do encontro em carne e osso, vivido através do corpo, do coração, dos olhos, da contemplação, da respiração do outro. Se a rede for usada como prolongamento ou expectação de tal encontro, então não se atraiçoa a si mesma e permanece um recurso para a comunhão. Se uma família utiliza a rede para estar mais conectada, para depois se encontrar à mesa e olhar-se olhos nos olhos, então é um recurso. Se uma comunidade eclesial coordena sua atividade através da rede, para depois celebrar juntos a Eucaristia, então é um

[15] Cf. LF 36.

[16] Tradução inglesa: curtir.

> recurso. Se a rede é uma oportunidade para me aproximar de casos e experiências de bondade ou de sofrimento distantes fisicamente de mim, para rezar juntos e, juntos, buscar o bem na descoberta daquilo que nos une, então é um recurso. Assim, podemos passar do diagnóstico à terapia: abrir o caminho ao diálogo, ao encontro, ao sorriso, ao carinho... Esta é a rede que queremos: uma rede feita não para capturar, mas para libertar, para preservar uma comunhão de pessoas livres. A própria Igreja é uma rede tecida pela Comunhão Eucarística, onde a união não se baseia nos gostos (*like)*, mas na verdade, no amém com que cada um adere ao Corpo de Cristo, acolhendo os outros[17].

Essa forma de se comunicar na vida humano-pastoral reforça a presença de Jesus na sociedade por meio da Igreja e oferece plenitude de vida a todos. A Igreja precisa se colocar em um constante processo de reconstrução de suas estruturas, ao passo que essa reconstrução também precisa acontecer no ambiente digital. Não se trata de uma simples reconstrução que não seja promotora da vida, mas de uma renovação, de uma nova forma de fazer com que a Igreja encontre espaço no coração das pessoas humanas, por meio de uma comunicação autêntica e desinteressada.

O cristianismo progredirá se não evangelizar como se estivesse fazendo uma propaganda mercantilista[18]. A evangelização autêntica não minimiza Cristo a um produto qual-

---

[17] FRANCISCO. *Mensagem do Papa Francisco Para o LIII Dia Mundial Das Comunicações Sociais* (*online*), 2019, disponível em < http://w2.vatican.va/content/francesco/pt/messages/communications/documents/papa-francesco_20190124_messaggio-comunicazioni-sociali.html>, acesso em: 15 de agosto de 2019.

[18] Cf. Dulce A. ADORNO-SILVA, *O poder do poder da comunicação*, 2015, p. 32.

quer, a uma mera mercadoria. Por isso se torna necessário reconstruir a identidade da missionariedade nas plataformas digitais. Espera-se pensar sempre em uma forma de ampliar os horizontes daquele que comunica a mensagem do Reino pelos meios de comunicação social. O Papa insiste em uma comunicação que centralize o Cristo. Nas pastorais eclesiais, o evangelho de Cristo carece ser anunciado de tal forma que ele mesmo seja sempre o cerne que mais se destaca nas plataformas[19].

3.2.4 Reconstrução digital: amadurecendo a evangelização

Se nem mesmo o Papa se vê isento dos ataques bombardeadores à fé cristã, muito menos os cristãos que se predispõem a fazer o uso das plataformas digitais e/ou dos meios de comunicação social para tornar Cristo conhecido. Principalmente na realidade contemporânea, em que a Conferência Nacional dos Bispos do Brasil também tem se tornado alvo de ataques de "pseudocristãos" que se posicionam como ultraconservadores da fé católica e fazem uso dos meios de comunicação para criticarem a Igreja de forma totalmente desconstrutiva e pejorativa, na tentativa de abalarem suas estruturas. Essas posturas errôneas se infiltram em *websites*, perfis católicos em contas, canais no *youtube*, entre outros meios de comunicação, para atacarem a fé católica, usando,

[19] Cf. Moisés SBARDELOTTO, *"E o verbo se fez rede": religiosidades em reconstrução no ambiente digital*, 2017, p. 295.

muitas vezes, a ideologia de que estão em busca da defesa da verdadeira fé, apelando, até mesmo, para o uso do termo "comunismo" para as lideranças cristãs, quando esses atribuem a algum tipo de evangelização de punho e/ou caráter social. Essa reconstrução digital amadurece a mentalidade do evangelizador na vida e na fé, uma vez que esse evangelizador carece de agir com sabedoria e equidade, sem que se equipare a essas atitudes desnecessárias, mas que, ao mesmo tempo, saiba ser defensor da fé cristã. Qualquer informação que se torna pública está disposta a agradar ou desagradar alguém, pois tornou-se pública, envolvendo mais de uma pessoa, ou seja, embora pareça óbvio, envolve diversos "gostos" e diversas formas de pensar diferentes.

A defesa da verdadeira fé nos insere na escola de Francisco, que sabe promover o diálogo em todos os aspectos, sem perder a posição de sabedoria, igualando-se àqueles que pela ignorância acreditam que a única forma de comunicar sabedoria se dá pelos ataques e pelas perseguições que não ensinam e somente oprimem a vida.

> Na interface entre o contexto eclesial e o contexto sociocomunicacional podemos dizer que as instituições religiosas hoje se defrontam com um fenômeno histórico que encontra um paralelo semelhante nas convulsões vividas no período da Reforma Protestante, no século XVI. [...] O principal movimento da Reforma teve início com o então monge católico alemão Martinho Lutero. Em 1517, ele publicou suas "95 teses", possivelmente na porta da Igreja do Castelo de Wittenberg, protestando contra diversos pontos da doutrina da Igreja Católica, propondo uma reforma no catolicismo romano. Graças também à nascente impren-

> sa, tais teses se espalharam muito rapidamente por toda a Alemanha, desencadeando uma controvérsia teológica que foi muito além do que o próprio Lutero pensava e pretendia. Com o avanço da midiatização em suas especificidades digitais, podemos dizer que as Igrejas se defrontam com uma verdadeira "Reforma digital" no ambiente sociocultural. Se a reforma histórica envolveu o complexo de eventos ocorridos a partir das publicações das teses de Lutero, hoje teríamos um número incalculável de "teses" sobre a fé e o "sagrado" sendo publicadas exponencialmente por incontáveis "luteros" conectados em rede[20].

Com a rapidez da esfera comunicacional, a fé pode se tornar tanto propagada, quanto dilacerada pelos ideais de muitas pessoas, que se colocam como detentoras da verdade que, supostamente, não conhecem de forma verdadeira e acabam induzindo inúmeras pessoas ao erro.

Nessa postura, a Igreja caminha em uma evangelização que seja mais aprofundada, que encontre de forma verdadeira o coração da pessoa humana. Por isso o papa Francisco tem insistido na forma de amadurecer a fé das pessoas cristãs por meio da comunicação pastoral por intermédio de uma teologia que se aproxime da vida. Essa teologia precisa acompanhar o ser humano em sua integralidade, para promovê-lo em sua dignidade. Os meios de comunicação social consistem em um espaço de total domínio do uso dessas plataformas para formar o povo de Deus na escola da transformação social, pelo evangelho de Cristo, luz para a construção do Reino.

---

[20] *Idem*, p. 41.

Pensar em uma conectividade à luz da fé, unindo teologia e vida cotidiana, em uma linguagem acessível, que vá ao encontro da pessoa humana, para que ela seja "saída"[21] constante na evangelização para os mais necessitados, abrange uma relevante forma de pensar o cristianismo nos tempos da rede[22], de acordo com o Padre Antônio Spadaro, "aluno" da escola de Francisco. Spadaro afirma que a teologia precisa estar inserida na linguagem pastoral para que não reduzamos o cristianismo a um nada. Spadaro afirmará, também, que a ciberteologia conecta-nos ao pontificado de Francisco e à sua linguagem pastoral para a comunicação.

3.2.5 Ciberteologia: comunicando a revelação de Deus

No campo teológico, Spadaro expõe, por meio de seus pensamentos, a importância da visão de Francisco em relação aos meios de comunicação na linguagem pastoral cotidiana, que nos aponta para as mais variadas formas de evangelização. Unir o *ciber*, ou seja, a tecnologia avançada faz com que a teologia encontre na tecnologia avançada uma forma inovadora de falar de Deus, de revelar Deus, de anunciar e comunicar Deus para outros povos.

Todo aquele que reconhece a importância dos meios de comunicação e o grande papel da tecnologia para o processo de evangelização, automaticamente se reconhece como um ciber-

[21] João Décio PASSOS, *A Igreja em saída e a casa comum: Francisco e os desafios da renovação*, 2016, p. 25.

[22] Antonio SPADARO, *Ciberteologia: pensar o cristianismo nos tempos da rede*, 2012, p. 16.

teólogo. O ciberteólogo é aquele que compreende que inimigo do homem não são os meios, mas o próprio homem que se coloca contra o plano de Deus e o interpreta de forma errônea.

A ciberteologia tornou-se uma das mais belas e inovadoras formas de reconhecer que Deus não faz acepção de pessoas e, até mesmo, lugares de revelação de sua vontade. O incessante pedido papal é que a Igreja seja capaz de sair, de deixar de lado a zona de conforto e colocar-se ao encontro de todas as pessoas. Esse campo comunicacional é uma forma especial de aplicar essa vivência na realidade hodierna.

Deve-se perceber que a cultura digital faz com que o homem seja mais humano, tornando-o mais próximo de se comunicar com as demais pessoas, por meio da facilidade com que o uso desses meios propõe a dialética humana.

> A reflexão ciberteológica é sempre um conhecimento reflexo a partir da experiência da fé. Ela permanece teologia no sentido em que corresponde à fórmula *fides quaerens intellectum*. A ciberteologia não é, pois, uma reflexão sociológica sobre a religiosidade na internet, mas resultado da fé que libera de si mesma um impulso cognitivo em um tempo em que a lógica da rede assinala o modo de pensar, conhecer, comunicar, viver [...] No momento é certamente assim. Todavia, o contexto da rede tende a não ser (e será sempre menos) isolável como um contexto específico e determinado, mas a ser (e será cada vez mais) integrado no fluxo de nossa existência ordinária. A cultura digital pretende tornar o ser humano mais aberto para o conhecimento e as relações[23].

---

[23] *Idem*, p. 41.

Enaltecendo-se pela ciberteologia, reconhece-se a força de encontrar o próximo como *imago dei*, ou seja, imagem e semelhança de Deus. Essa diferenciação faz com que eu não seja promotor de uma comunicação que fere a vida na cultura digital, mas faz com que eu seja propagador da cultura do encontro e enxergue aquele que está ao meu redor não como um outro qualquer, mas como o meu próximo. Embora pareça redundante, mas mesmo na distância "física" as pessoas estão mais próximas do que nunca, porque uma realidade de força opera para que as pessoas se unam, isto é, o mundo virtual.

O mundo virtual não "identifica" o outro como aquele que está do outro lado da tela, mas como aquele que se relaciona por trás da tela, que compartilha sua vida por trás da tela, que se apresenta como aquele que torna sua vida unida por trás da dela. Há muitas pessoas que ainda não encontraram o verdadeiro sentido pelos meios de comunicação, assim como têm inúmeras pessoas que não se encontraram atuando nos meios de comunicação[24].

Pelo mundo virtual enaltecemos a "juventude de Deus", não como um mero estado de vida, mas como um rosto jovem para a humanidade, ou seja, uma forma de se manifestar de maneira nova, em uma conjuntura inovadora, na qual permite que o homem sempre crie mobilidades para melhorar a qualidade de vida de todos os seres humanos, outrora dito, feitos à sua imagem e semelhança. Deus sempre se renova na forma de se comunicar conosco. Nossa forma de se renovar também compreende a acolhida às inovações de Deus conce-

---

[24] Cf. *Idem*, p. 65.

didas pelo dom da criatividade humana e sempre se colocar de forma madura com a aplicação dessa realidade na prática humana. No mundo virtual, o rosto de Deus se torna jovem porque ele se mostra agindo de maneira inovadora, capaz de fazer com que o próximo encontre um espaço recente de comunicação para a promoção da vida[25].

Essa perspectiva, pela qual se atribui à forma de Deus se comunicar com a humanidade, faz com que todos aqueles que se predispõem a agir como discípulos missionários encarnem e assumam o ideal da Igreja em saída. Essa compreensão se torna vibrante pela forma de ser vivenciada no pontificado de Francisco. Tornar-se promotor da cultura do encontro para uma Igreja em saída refere-se ao status de missionariedade impregnada na vida humana. Desse modo, Deus renova todas as coisas de acordo com seus desígnios e o homem pode se tornar um fiel colaborador de acordo com sua contribuição nessa evangelização, renovando a maneira das pessoas encararem a vida[26].

3.3. "Encontrar-se" e "sair-se" como perspectivas de uma autêntica evangelização promotora de vida

Esse dinamismo comunica Deus de forma atraente. O papa Francisco tem usado inúmeras formas para atrair as pessoas para Deus. Sua forma principal tem sido sua humil-

[25] Cf. FRANCISCO, *Deus é jovem*, 2018, p. 80.

[26] Cf. Benedito Beni dos SANTOS, *Evangelizar com Papa Francisco: Comentário à Evangelii Gaudium*, 2014, p. 39.

dade, acarretada de sorrisos e gestos pequenos que se tornam grandiosos para quem tanto necessita[27].

Nos atos pastorais de Francisco, cada gesto tem sido "encontro". Esse "encontro" não se trata de uma mera presença relacional entre uma pessoa ou outra, mas se trata de um encontro com sentido transcendente, ou seja, com um sentido que está para além da mera presença física e humana, tratando de um sentido ontológico. Esse "encontro" trata-se de se deixar caminhar lado a lado do próprio objeto da teologia, pela qual o cristão se torna sujeito. O objeto da teologia sempre será Deus, a fonte de toda manifestação presente no cristianismo como expressão de louvor pela satisfação da criação. O "encontro", anunciado pelo Papa, promove um encontro com o próprio Deus, ecoando ao coração humano o anseio por uma autêntica e profunda comunicação ao serviço da vida[28].

Deus se manifesta de formas diversas, nas quais o ser humano pode encontrar variadas maneiras de se relacionar com Ele, por meio de hábitos que privilegiam essa comunicação concreta em suas vidas. Ele não se manifesta de nenhuma forma que não seja para promover a vida ao ser humano. Deus se encontra com a humanidade para comunicar a ela uma nova maneira de viver. O papa Francisco apresenta de maneira nova essa comunicação de Deus por meio de uma ótica de aproximação com o ser humano, muito mais do que apresentando uma face divina e misericordiosa de alguém que não exige uma opção fundamental e radical de conver-

[27] Cf. Dulce A. ADORNO-SILVA, *op. cit.*, p. 156.
[28] Cf. Andreas ENGLISCH, *op. cit.*, p. 221.

são, mas de uma perspectiva de autenticidade e maturidade na especificidade de encarar a vida[29].

O "encontro" apresentado pelo Papa acontece determinantemente com o próprio Deus. Em qualquer cenário que necessite de um apresentador, sempre será evidenciado aquele que estará por ser apresentado. Se o Papa torna-se "apresentador" desse "encontro", ele destaca e reforça que Deus é o próprio apresentado. Ele é aquele que capacita todas as faculdades necessárias para sua compreensão e que dispõe ao ser humano todos os mecanismos para alcançá-lo com sabedoria.

> Francisco, o novo bispo de Roma, convida como um pai espiritual dos católicos para que todos evitem cristalizar e reduzir a teologia a um arcabouço técnico, desencarnado e, sobretudo, sem compaixão e misericórdia. Quer uma teologia viva, peregrina, "de saída", sempre pronta para agir, para tocar as pessoas e deixar-se tocar pelos sofrimentos e dramas pessoais, vividos como amor visceral. Para o Papa Francisco, há algo que é central na tarefa de um evangelizador. Isto inclui a todos, pastores, teólogos e comunidades cristãs: que tudo seja feito com Espírito [...] O papa lança alguns desafios concretos para aqueles que todos que pensam lealmente sua própria fé e querem viver com coerência os valores de Jesus. Diz o papa Francisco que há uma necessária reforma a ser feita pelos seguidores de Cristo, protagonistas da Igreja, para que esta seja sinal crível e instrumento de salvação em Cristo. Cada evangelizador precisa assumir a reforma das comunidades, das formas institucionais e culturais como tarefa global e também com implicações locais não meramente cosméticas ou panfletárias[30].

[29] Cf. *Ibidem.*

[30] Fernando ALTEMEYER JUNIOR, Papa Francisco e as perspectivas teológicas, *in* José Maria da SILVA (org.), *Papa Francisco: perspectivas e expectativas de um pontificado*, 2014, p. 77.

No "encontro" com Deus, proporcionado pela novidade do evento Francisco, adquire espaço o "sair", como virtude de uma relação profunda e concreta com a comunicação perfeita, que é o próprio Deus. Esse dinamismo do "sair-se" engloba um gesto autêntico de evangelização nos meios de comunicação social, que atingem lugares em que as pessoas humanas não conseguem chegar.

O gesto de "sair-se" implica uma novidade pastoral a ser aplicada em um outro meio, desta vez, no campo da comunicação. Na história da Igreja, torna-se visível que, desde suas primícias, ela usou de "meios de comunicação" para expandir a fé. Embora estivesse dentro de um contexto de inúmeros anos atrás, ela soube usar dos recursos possíveis dentro de cada contexto de época, uma maneira de comunicar a Boa-Nova. Na realidade vigente, os "meios de comunicação" são dinâmicos e eficazes, ao passo que na era da internet, ou seja, da esfera virtual, as coisas se tornaram muito mais rápidas.

Os meios de comunicação na área digital permitem a construção de uma nova sociedade à luz da fé, pautando-se nos valores evangélicos, como caminho para o Reino. O Reino de Deus não se trata de algo "acima das nuvens", mas de algo "abaixo das nuvens", próximo dos nossos olhares, desde aquele que se encontra vítima de um sistema opressor, até aquele que sustenta esse sistema opressor, uma vez que o Reino acontece para todos e precisa ser aplicado justamente para que essa realidade se converta em um "paraíso" da forma pela qual Deus "entregou" às mãos humanas.

Todavia os meios de comunicação social garantem para o Reino de Deus uma forma inovada e autêntica de se promover a cultura do encontro para uma Igreja em saída, na medida em que o encontro com Deus se manifesta, como dito, de diversas formas, mas, na ótica de Francisco, dá-se por meio de uma renovada e entusiasmante misericórdia que caminha lado a lado do ser humano, disposto sempre a reerguê-lo e a promovê-lo enquanto pessoa humana que tem dignidade. Esse dinamismo de dignidade humana refere-se à autonomia que o ser humano compreende para a realização de sua vocação no mundo, independentemente de suas escolhas "profissionais" o mandato missionário traduz-se pelos caminhos da evangelização. Nessa autêntica cultura do encontro, o homem torna-se sempre capaz de se encontrar consigo, com Deus e com o próximo. Esse encontro gerará sempre mais o desejo de uma Igreja em saída, como expressão da vontade do Pai, que "saiu" para o encontro humano e promove sempre, por meio da misericórdia, a cultura do encontro, ou seja, o cultivo de constantemente estar próximo do ser humano. Na era digital, a comunicação se torna um meio eficaz de fazer essa dinâmica do Reino acontecer.

CONSIDERAÇÕES FINAIS

Nesta obra visamos destrinchar o importante papel da Igreja e sua relação com os meios de comunicação social na contemporaneidade. Diariamente, milhares de pessoas fazem uso de jornais, revistas, livros, telefone, televisão, rádio, cinema e diversos outros meios de comunicação de forma escrita, audiovisual, sonora e multimidiática, mas ressaltamos a atenção com a era digital, acompanhada pela internet, por meio de *websites*, redes sociais etc. Debruçando-me sobre as redes sociais, dentre elas, *Facebook*, *WhatsApp*, *Snapchat*, *Twitter*, *E-mail*, *Instagram*, *Telegram etc.*, buscamos analisar a presença da Igreja onde se encontra na atualidade esse grande número de pessoas, na tentativa de apresentar o que a Igreja tem feito para evangelizar em meio a esse cenário.

Neste livro buscamos abordar a revelação de Deus expressa como comunicação perfeita para insistentemente projetar seu plano para a humanidade. Essa revelação se tornou a forma autêntica de pensar a comunicação. Qualquer ato comunicativo se propaga por meio de um ato revelado. Para se comunicar, torna-se necessário se revelar. Desse modo, explicitamos o projeto de Deus revelado na vida humana, por meio do chamamento a Maria, no anúncio do anjo. Desse anúncio comunicado nasce a comunicação encarnada, na missão de incessantemente comunicar plenitude de vida a todos.

Percebemos, nesta obra, acerca do que a Igreja tem proposto e avançado para compreender os meios de comunicação social, influentes na era digital e na vida pastoral. Ao mesmo tempo, refletimos na maneira de continuar acreditando que ela ainda tem vastas atividades a projetar, para que, a evangelização de Deus se perpetue nesse meio. Refletimos que Igreja não evangelizaria eficazmente, caso se tornasse opositora e/ou inimiga desse meio. Assim como tudo sempre oferece algo positivo ou negativo, a era virtual/digital também oferece suas positividades e negatividades. Por isso a Igreja sempre direciona nossos olhares pelos meios de comunicação social. Haja vista toda a trajetória que ela trilhou para chegar a reconhecer os meios de comunicação social como um importante areópago, semelhante ao do apóstolo Paulo.

Abordar o tema da comunicação na Igreja não se trata de nenhuma novidade, devido ao fato desse fenômeno se encontrar em um crescimento avassalador na humanidade. A Igreja nasce de uma comunicação perfeita. Seu magistério e sua doutrina se fundamentam em uma comunicação perfeita. Outrora, o termo comunicação aparece nos ensinamentos eclesiásticos como revelação e anúncio. Porém a Igreja aborda, pela primeira vez, e usa o termo "Meios de Comunicação Social", por meio do documento conciliar *Inter Mirífica*. Por meio dele a Igreja dignifica aqueles que fazem uso dos meios de comunicação social de forma correta e o inicia se posicionando como aquela que reconhece essa realidade como uma "maravilha da criação". Ela sempre soube se preocupar com iluminar a vida daqueles que usam os meios de comunicação e, sobretudo, soube pedir atenção para aqueles que querem conduzir e apontar os caminhos do abismo por meio dessa inovação.

Desde então, a Igreja avançou no emprego dos meios de comunicação social para anunciar Jesus Cristo e torná-lo conhecido por todos os povos. Essas plataformas virtuais foram adquirindo espaço na vivência pastoral, ao passo que se tornou necessário unir a realidade do evento salvífico pelos meios de comunicação social. Se grande parte das pessoas humanas ainda não conhece Jesus Cristo, mas faz uso diário dos meios de comunicação social, não existe nenhuma dificuldade em fazer uso desse espaço para apresentar para ela o projeto de Deus para a humanidade.

Nem sempre essa realidade será aceita por parte de membros da Igreja, pois falar atualmente do pontificado de Francisco, de meios de comunicação social, de redes sociais e qualquer outro sinal que envolva comunicação pastoral, pode soar com certo incômodo para as pessoas que se encontram acomodadas. Essas palavras citadas manifestam inovação na maneira de compreender o agir pastoral, sabendo que inovar sempre requer novas formas de viver. Pensar em inovação para pessoas tidas como conservadoras, por exemplo, torna-se um desafio exaustivo.

Insistentemente, Francisco tem se mostrado próximo dos meios de comunicação social e atento às necessidades da Igreja nesse âmbito, ao passo que possui seus perfis e/ou contas em redes sociais e usa delas para transmitir a mensagem divina para a humanidade. Em todos os seus pronunciamentos acerca dessa temática, no agir corriqueiro com essa realidade e em suas mensagens escritas para o dia da comunicação social, ele sempre aborda unanimemente a questão do encontro que promova dignidade de vida.

Penso que Francisco em seu pontificado traz consigo uma nova comunicação para a Igreja. Da mesma forma que o apóstolo Paulo não podia estar presente fisicamente em todas as comunidades, mas precisava anunciar Jesus Cristo para a série de problemas que elas enfrentavam, ele fez uso de cartas para enfrentar os problemas e buscar orientá-las sobre determinados aspectos que necessitavam ser melhorados. Hoje, os meios de comunicação atuais não são semelhantes ao meio de comunicação paulino, mas pode obter o mesmo objetivo. Posso substituir a carta de Paulo por um e-mail ou por uma orientação por meio de *websites* e/ou outras maneiras. Paulo tornou-se um expoente no cristianismo, pregando no areópago e expondo cartas às comunidades. Essa realidade fez de Paulo um enorme comunicador. Francisco apresenta inovação nessa forma de anunciar Jesus. Cada qual, em seu determinado tempo, possui sua forma de contribuir para a construção do Reino.

O percurso feito parte do maior evento de comunicação da história até chegar à história presente. No primeiro capítulo tratamos da Revelação de Deus e a interpretação da Igreja acerca de sua fundamentação e de sua historicidade na história da salvação. No segundo capítulo, tratamos de enfatizar a leitura do pontificado de Francisco por meio dessa interpretação da Igreja sobre a Revelação Divina e sua concepção para o agir pastoral da Igreja perante essa realidade. Traçamos seu perfil e seu impacto na vida cristã pelos meios de comunicação social. Sua abordagem e seu critério de evangelização foram citados. No terceiro capítulo, abordou-se a participação do fiel e sua postura nos meios de comunicação social. Francisco encarna os ideais da Revelação Divina e deseja apresentá-los de forma inovadora no agir pastoral da Igreja. Essa inovação apresentamos no terceiro capítulo. Tratamos de apresentar sobre a Revelação Divina no agir da Igreja; na visão do papa Francisco de forma inovadora e na postura indicada para os fiéis membros da Igreja, para que prossigam nesse caminho de evangelização.

Concluímos acreditando, de acordo com cada capítulo abordado, que a eclesiologia tem se mostrado sempre dinâmica ao anúncio do Reino de Deus e que se tem muito a pesquisar ainda nessa área. A comunicação é sempre nova. A Igreja sempre se atualiza. Sempre teremos conteúdo para destrincharmos nessa área. Nessa nossa "ferramenta" da história da humanidade, isto é, a internet, importante meio de comunicação, encontramos também um espaço certeiro para a transformação do agir pastoral. Por meio da inovação apresentada pela postura cristã na era digital, a Igreja cresce como caminho contemporâneo para promover a cultura do encontro visando sempre uma Igreja em saída. Este é nosso tempo, esta é nossa oportunidade: Comuniquemos enquanto podemos, enquanto estivermos vivos.

ANEXO

8 DICAS PARA EVANGELIZAR EFICAZMENTE NOS MEIOS DE COMUNICAÇÃO SOCIAL INSPIRADAS NAS MENSAGENS DO PAPA FRANCISCO PARA O DIA MUNDIAL DAS COMUNICAÇÕES

DICA 1: PROMOVER A CULTURA DO ENCONTRO

Na 48ª mensagem para o Dia Mundial das Comunicações Sociais, primeira desde que assumiu o pontificado, o papa Francisco aponta-nos que "não basta circular pelas estradas digitais, isto é, simplesmente estar conectados: é necessário que a conexão seja acompanhada pelo encontro verdadeiro. Não podemos viver sozinhos, fechados em nós mesmos. Precisamos amar e ser amados. Precisamos de ternura".

No vasto campo do mundo da comunicação, não podemos perder o horizonte de seu objetivo central: comunicar nas plataformas digitais promovendo esperança e buscando sempre uma autêntica presença de encontro em todas as esferas humanas.

Nossa missão consiste em aproveitar desses meios para criar vínculos interpessoais e humanitários; promover ações solidárias e caritativas inspiradas no Evangelho e nunca perder o ardor e o desejo de tornar Cristo mais amado e conhecido.

Acesse na íntegra:

DICA 2: COMUNICAR A FAMÍLIA

Nascem no seio das famílias as vocações, projeto do amor de Deus para conosco. As famílias, imbuídas pelo espírito oracional, que deve norteá-las, comunicam uma nova maneira de viver o cristianismo na sociedade, à medida que assumem sua responsabilidade de Igreja doméstica. Toda família representa a Igreja presente no lar. Elas comunicam a semente da transformação, à luz do evangelho. Apropriando-se dessa missão de comunicar novas lições e pessoas para a sociedade, a família também se torna protagonista na esfera digital.

Nas palavras do papa Francisco, na 49ª mensagem para o Dia Mundial das Comunicações Sociais, ele afirma que "a experiência do vínculo que nos precede faz com que a família seja também o contexto, no qual se transmite aquela forma fundamental de comunicação que é a oração. [...] A própria família é viva, se respira abrindo-se para além de si mesma; e as famílias que assim procedem podem comunicar sua mensagem de vida e comunhão, podem dar conforto e esperança às famílias mais feridas, e fazer crescer a própria Igreja, que é uma família de famílias".

Acesse na íntegra:

DICA 3: FECUNDAR-SE NA MISERICÓRDIA

O pontificado de Francisco, com seus gestos e suas ações, tem nos encaminhado para a misericórdia de Deus. A misericórdia que se perpetua em toda a história de salvação. Recentemente nos tornou conhecedores pela publicação de seu livro que o nome de Deus é misericórdia.

Possuidor do desejo de que todos façam a experiência da misericórdia de Deus, o papa Francisco se torna comunicador dessa realidade de amor. A misericórdia é uma realidade de amor, na qual um Deus, desejoso de sempre se aproximar das feridas humanas, se compadece e se comunica porque ama incondicionalmente.

Em sua 50ª mensagem para o Dia Mundial das Comunicações Sociais, o papa Francisco afirma que "a comunicação tem o poder de criar pontes, favorecer o encontro e a inclusão, enriquecendo assim a sociedade. Como é bom ver pessoas esforçando-se por escolher cuidadosamente palavras e gestos para superar as incompreensões, curar a memória ferida e construir paz e harmonia".

A comunicação tem poder de promover o plano amoroso de Deus. Ela possui as ferramentas necessárias para anunciar que Deus sempre se compadece dos seus.

Acesse na íntegra:

DICA 4: COMUNICAR ESPERANÇA E CONFIANÇA

Em tempos desafiadores como os que estamos vivenciando, em que muitos campos promovem informações sensacionalistas e sem compromissos com a verdade, ou até mesmo não anunciam os fatos com esperança e confiança, o papa Francisco nos provoca a fazer da comunicação a estrada certa em direção ao coração humano.

O cristianismo favorece a transformação social, quando nos motiva a abrir-nos ao Espírito que consola, vivifica e santifica. Na 51ª mensagem para o Dia Mundial das Comunicações Sociais, o Papa nos escreve, com a certeza de que "quem, com fé, deixa-se guiar pelo Espírito Santo torna-se capaz de discernir em cada evento o que acontece entre Deus e a humanidade, reconhecendo como Ele mesmo, no cenário dramático deste mundo, esteja compondo a trama de uma história de salvação. O fio, com que se tece essa história sagrada, é a esperança, e seu tecedor só pode ser o Espírito Consolador".

Acesse na íntegra:

DICA 5: ATENTAR-SE CONTRA AS *FAKE NEWS*

Facilmente, nós podemos ser vítimas das informações falsas, que são as *fake news*, que visam apropriar-se de uma "aparente verdade", para promover a ideia alienadora que se deseja, ludibriando as pessoas e enganando-as.

O objetivo da 52ª mensagem para o Dia Mundial das Comunicações Sociais é fazer com que nos atentemos para o risco que todos nós sofremos com o perigo de assumirmos como verdade uma mentira.

Nosso compromisso para não disseminar as *fake news* não são as inúmeras estratégias que poderão ser feitas, embora elas também sejam importantes, mas converter a mentalidade humana de quem promove essas informações, esse é nosso principal alvo. O movimento para acompanhar essas pessoas é a dinâmica do Espírito, o paráclito da verdade e o sopro da paz, inspirando-nos a respondermos com "o melhor antídoto contra as falsidades, que não são as estratégias, mas as pessoas: pessoas que, livres da ambição, estão prontas a ouvir e, por meio da fadiga de um diálogo sincero, deixam emergir a verdade; pessoas que, atraídas pelo bem, se mostram responsáveis no uso da linguagem".

Acesse na íntegra:

DICA 6: SER COMUNIDADE HUMANA

Ser comunidade é característica fundante para o cristianismo. Nossa fé cristã é desvelada pela trindade. A trindade é o reflexo da Igreja perfeita, Igreja que se deixa iluminar pela comunhão.

As redes sociais são comunidades que acolhem diariamente pessoas desejosas de se conectarem das mais variadas maneiras. Elas devem promover na mentalidade humana o desejo de se transcender, no mundo digital, uma vez que o campo virtual se compreende como um espaço necessário para aproximar as pessoas e promover relações fraternas e humanitárias.

As redes sociais precisam estar a serviço da comunidade humana, para que essa seja comprometida com os valores do Evangelho. Ampliando-nos nas relações, a 53ª mensagem do pontífice nos convida a uma visão panorâmica da realidade: aprofundarmo-nos na dinâmica das redes sociais para promover a vida humana em sua realidade, ao passo que "o panorama atual convida-nos, a todos nós, a investir nas relações, a afirmar – também na rede e através da rede – o caráter interpessoal de nossa humanidade. Por maior força de razão nós, cristãos, somos chamados a manifestar aquela comunhão que marca nossa identidade de crentes. De fato, a própria fé é uma relação, um encontro; e nós, sob o impulso do amor de Deus, podemos comunicar, acolher e compreender o dom do outro e corresponder-lhe".

Acesse na íntegra:

DICA 7: COMUNICAR BOAS HISTÓRIAS

Não devemos medir a vida pelo tempo que existimos na terra, mas pela intensidade que colocamos nela. Vive com intensidade quem tem boas histórias para contar. O contexto pandêmico nos iluminou muito a repensarmos os valores em nossa vida e a reconstruirmos nossa história, comunicando sempre esperança.

A vida se faz história, tema central da 54ª mensagem para o Dia Mundial das Comunicações Sociais, impulsiona-nos a assumirmos o papel de protagonistas de uma humanidade plena de esperança, em todos os tempos difíceis que a sociedade enfrenta.

Sempre aconteceram tragédias e catástrofes na história. Sempre foram superadas e transformadas. A comunicação muito vem contribuindo para que este tempo seja ressignificado com a luz de Deus que acompanha cada cristão.

Nessa perspectiva, "em cada grande história, entra em jogo nossa história. Ao mesmo tempo que lemos a Escritura, as histórias dos Santos e outros textos que souberam ler a alma do homem e trazer à luz sua beleza, o Espírito Santo fica livre para escrever em nosso coração, renovando em nós a memória daquilo que somos aos olhos de Deus. Quando fazemos memória do amor que nos criou e salvou, quando metemos amor em nossas histórias diárias, quando tecemos de misericórdia as tramas de nossos dias, nesse momento, estamos a mudar de página. Já não ficamos atados a lamentos e tristezas, ligados a uma memória doente que nos aprisiona o coração, mas, abrindo-nos aos outros" [...], abrindo-nos a uma nova mentalidade e visão de mundo.

Promover boas histórias de superação, motivação e esperança nas redes sociais, no campo midiático, sempre consiste em aventurar-se no Espírito.

Acesse na íntegra:

DICA 8: ENCONTRAR AS PESSOAS ONDE ESTÃO E COMO SÃO

O contexto pandêmico permite que toquemos as feridas humanas e auxiliemos uns aos outros. Encontrar as pessoas onde estão e como são favorece que o cristianismo seja assumido como verdade. A comunicação encarnada assume dois verbos presentes na mais recente mensagem do papa Francisco para o Dia Mundial das Comunicações Sociais: ir e ver.

O verbo "ir" evoca no coração cristão o desejo de sair e ir ao encontro das pessoas, em uma realidade de Igreja em saída, comprometida com a transformação social, à luz da fé, e o verbo "ver" incentiva o desejo de fazermos a experiência das dores e angústias de nosso próximo, para tocá-las e modificá-las. "Na comunicação, nada pode jamais substituir, de todo, o ver pessoalmente. Algumas coisas só se podem aprender, experimentando-as. Na verdade, não se comunica só com as palavras, mas também com os olhos, o tom da voz, os gestos."

A autêntica comunicação social se compromete em fazer uso do campo midiático para ir ao encontro das pessoas e juntos vivenciarmos, com elas, o agir de Deus para nós.

Acesse na íntegra:

CURIOSIDADE

Você sabia que celebramos anualmente o Dia Mundial das Comunicações Sociais?

Fruto do Concílio Ecumênico Vaticano II, o decreto sobre os Meios de Comunicação Social "Inter Mirífica", ao declarar a importância desse movimento para o anúncio eficaz do Reino de Deus, no objetivo de criar ampla conscientização sobre seu uso e sua importância, exorta que se celebre, em determinado dia escolhido, o Dia Mundial da Comunicação Social.

"Para que se revigore o apostolado da Igreja em relação com os meios de comunicação social, deve celebrar-se em cada ano, em todas as dioceses do mundo, a juízo do Bispo, um dia em que os fiéis sejam doutrinados a respeito de suas obrigações nessa matéria, convidados a orar por essa causa e a dar uma esmola para esse fim, a qual deve ser destinada a sustentar e a fomentar, segundo as necessidades do orbe católico, as instituições e as iniciativas promovidas pela Igreja nessa matéria."

Na festa da Ascensão do Senhor, na qual ele comunica a paz no meio da Igreja e encoraja seus discípulos a prosseguirem sem medo, celebramos essa importante data, sempre motivados por meio da mensagem do pontífice.

Acesse na íntegra:

REFERÊNCIAS BIBLIOGRÁFICAS

ADORNO-SILVA, Dulce A. *O poder do poder da comunicação*. São Paulo: Ideias & Letras, 2015.

ADVERSE, Helton. Parresia e isegoria: origens políticos-filosóficas. *In* LIMA, Venício A. de; GUIMARÃES, Juarez (orgs.). *Liberdade de expressão: as várias faces de um desafio*. São Paulo: Paulus, 2013, p. 21-40.

ALTEMEYER JUNIOR, Fernando. Papa Francisco e as perspectivas teológicas. *In* SILVA, José Maria da (org.). *Papa Francisco: perspectivas e expectativas de um papado*. Petrópolis: Vozes, 2014, p. 73-83.

BARBALHO, Alexandre. Cidadania, minorias e mídia: ou algumas questões postas ao liberalismo. *In* PAIVA, Raquel; BARBALHO, Alexandre (orgs.). *Comunicação e cultura das minorias*. São Paulo: Paulus, 2005, p. 27-40.

BERGOGLIO, Jorge; SKORKA, Abraham. *Sobre o céu e a terra*. São Paulo: Paralela, 2013.

BÍBLIA de Jerusalém. São Paulo: Paulinas, 2014.

BORGHESI, Massimo. *Jorge Mario Bergoglio: uma biografia intelectual*. Petrópolis: Vozes, 2018.

BRIGHENTI, Agenor. Perfil pastoral da Igreja que o papa Francisco sonha. *In* SILVA, José Maria da (org.). *Papa Francisco: perspectivas e expectativas de um papado.* Petrópolis: Vozes, 2014, p. 13-25.

CIRIACO, Douglas. *Mais de 4 bilhões de pessoas usam a internet ao redor do mundo* (*online*), 2018. Disponível em <https://www.tecmundo.com.br/internet/126654-4-bilhoes-pessoas-usam-internet-no-mundo.htm>. Acesso em: 07 de agosto de 2019.

CNBB. *Comunicação na vida e missão da Igreja no Brasil.* Brasília: Edições CNBB, 2011. (Estudos da CNBB 101)

______. *Cristãos no mundo: 2,18 bilhões de pessoas dizem professar a fé cristã segundo instituto* (*online*), 2017. Disponível em <http://www.cnbb.org.br/cristaos-no-mundo-7-bilhoes-de-pessoa-dizem-professar-a-fe-crista-segundo-instituto-de-pesquisa-pew-research/>. Acesso em: 7 de agosto de 2019.

CONCÍLIO ECUMÊNICO VATICANO II. Constituição Dogmática Dei Verbum. *In Documentos do Concílio Vaticano II.* 1ª ed. São Paulo: Paulus, 1997, p. 347-368.

______. Constituição Dogmática Lumen Gentium. *In Documentos do Concílio Vaticano II.* 1ª ed. São Paulo: Paulus, 1997, p. 101-197.

CONGREGAÇÃO PARA A DOUTRINA DA FÉ. *Declaração "Dominus Iesus" sobre a unicidade e a universalidade salvífica de Jesus Cristo e da igreja* (*online*), 2000. Disponível em <http://www.vatican.va/roman_curia/congregations/cfaith/documents/rc_con_cfaith_doc_20000806_dominus-iesus_po.html>. Acesso em: 17 de junho de 2019.

CONSELHO EPISCOPAL LATINO-AMERICANO. *Documento de Aparecida: texto conclusivo da V Conferência Geral do Episcopado Latino-Americano e do Caribe.* 7ª ed. Brasília: Edições CNBB, 2008.

ENGLISCH, Andreas. *Francisco: o papa dos humildes.* São Paulo: Universo dos Livros, 2013.

FARIAS, Vinícius. *Conectados para o encontro: 10 passos para evangelizar nas redes sociais.* São Paulo: Paulus, 2015.

FILOVIDA. *Kenosis* (*online*), 2017. Disponível em <https://www.filovida.org/2017/01/kenosis/>. Acesso em: 10 de agosto de 2019.

FRANCISCO. *Exortação apostólica "Evangelii Gaudium" do sumo pontífice Francisco sobre o anúncio do Evangelho no mundo atual.* São Paulo: Paulus; Edições Loyola, 2013.

______. *Carta encíclica "Lumen fidei" do sumo pontífice Francisco sobre a fé.* São Paulo: Paulus; Edições Loyola, 2013.

______. *Deus é jovem.* São Paulo: Planeta, 2018.

______. *Mensagem do Papa Francisco para o LIII Dia Mundial Das Comunicações Sociais* (*online*), 2019. Disponível em <http://w2.vatican.va/content/francesco/pt/messages/communications/documents/papa-francesco_20190124_messaggio-comunicazioni-sociali.html>. Acesso em: 15 de agosto de 2019.

______. *Mensagem do Santo Padre Francisco para o XLVIII Dia Mundial Das Comunicações Sociais* (*online*), 2014. Disponível em <http://w2.vatican.va/content/francesco/pt/messages/communications/documents/papa-francesco_20140124_messaggio-comunicazioni-sociali.html>. Acesso em: 09 de agosto de 2019.

GOMES, Helton Simões. *Brasil tem 116 milhões de pessoas conectadas à internet, diz IBGE* (*online*), 2018. Disponível em <https://g1.globo.com/economia/tecnologia/noticia/brasil-tem-116-milhoes-de-pessoas-conectadas-a-internet--diz-ibge.ghtml>. Acesso em: 7 de agosto de 2019.

KALIL, Marcos. *"Teletransmissão dos Sacramentos": desafio da vida paroquial durante a pandemia.* Disponível em <https://www.vaticannews.va/pt/mundo/news/2020-07/coronavirus-artigo-desafio-paroquias-teletransmissao-sacramentos.html>. (Acesso em 4-9-2020)

LADARIA, Luis F. *O Deus vivo e verdadeiro: o mistério da Trindade.* 3ª ed. São Paulo: Loyola, 2013.

MENICHETTI, Massimiliano. *O povo de Deus com seu Pastor Francisco.* Disponível em <https://www.vaticannews.va/pt/vaticano/news/2020-05/missas-santa-marta-papa-francisco-conclusao.html> Acesso em: 4/9/2020.

MELO, José Marques de. *Comunicação eclesial: utopia e realidade.* São Paulo: Paulinas, 2005.

PRIMEIRAS PALAVRAS DO PAPA FRANCISCO. Disponível em <https://noticias.cancaonova.com/especiais/pontificado/francisco/primeiras-palavras-do-novo-papa> Acesso em: 22 de setembro de 2020.

PASCOM DO BRASIL. *Quem somos* (*online*). Disponível em <http://pascombrasil.com.br/quem-somos/>. Acesso em: 07 de agosto de 2019.

PASSOS, João Décio. *A Igreja em saída e a casa comum: Francisco e os desafios da renovação.* São Paulo: Paulinas, 2016, p. 25.

PONTIFÍCIO CONSELHO PARA AS COMUNICAÇÕES SOCIAIS. *Ética na internet.* São Paulo: Paulinas, 2002.

PONTIFÍCIO CONSELHO PARA O DIÁLOGO INTER-RELIGIOSO; CONGREGAÇÃO PARA A EVANGELIZAÇÃO DOS POVOS. *Diálogo e anúncio.* 2ª ed. São Paulo: Paulinas, 1996.

QUEIRUGA, André Torres. *A Revelação de Deus na realização humana.* São Paulo: Paulus, 1995.

SANTOS, Benedito Beni dos. *Evangelizar com Papa Francisco: Comentário à Evangelii Gaudium.* São Paulo: Paulus, 2014.

SBARDELOTTO, Moisés. *"E o verbo se fez rede": religiosidades em reconstrução no ambiente digital.* São Paulo: Paulinas, 2017.

SCAVO, Nello. *Fake Pope: as falsas notícias sobre o papa Francisco.* São Paulo: Paulinas, 2018.

SIGNIFICADOS. *Kairós* (*online*), 2015. Disponível em <https://www.significados.com.br/kairos/>. Acesso em: 10 de agosto de 2019.

______. *Cronos* (*online*), 2015. Disponível em <https://www.significados.com.br/cronos/>. Acesso em: 10 de agosto de 2019.

SOUSA, Cirlene Cristina; PRADO, Denise Figueiredo Barros do. Mídia, família e juventude: análise das cartas papais para o Dia Mundial das Comunicações. *In TQ* 14 (2008), Taubaté, p. 37-57.

SPADARO, Antonio. *"Despertem o mundo": Íntegra do diálogo do Papa Francisco sobre a vida religiosa* (*online*), 2014. Disponível em <http://www.ihu.unisinos.br/170-noticias/noticias-2014/526970-qdespertem-o-mundoq-integra-do--dialogo-do-papa-francisco-sobre-a-vida-religiosa>. Acesso em: 17 de julho de 2019.

______. *Ciberteologia: pensar o cristianismo nos tempos da rede.* São Paulo: Paulinas, 2012.

VIDAL, José Manuel; BASTANTE, Jesús. *Francisco, o novo João XXIII – Jorge Mario Bergoglio: o primeiro pontífice americano para uma nova primavera da Igreja.* Petrópolis: Vozes, 2013.

VIGANÒ, Dario Edoardo. *Irmãos e irmãs, boa noite!: o papa Francisco e a nova comunicação da Igreja.* Petrópolis: Vozes, 2017.